Cerwinka/Knell/Schranz
•
Dienstzeugnisse

Dienstzeugnisse

Rechtsfragen und Textbausteine in Österreich

von

Gabriele Cerwinka
Alexandra Knell
Gabriele Schranz

basierend im Formulierungsteil auf

Arnulf Weuster
Brigitte Scheer

2. Auflage

Bibliografische Information Der Deutschen Bibliothek

Die Deutsche Bibliothek verzeichnet diese Publikation in der Deutschen Nationalbibliografie; detaillierte bibliografische Daten sind im Internet über http://dnb.ddb.de abrufbar.

Das Werk ist urheberrechtlich geschützt. Alle Rechte, insbesondere die Rechte der Verbreitung, der Vervielfältigung, der Übersetzung, des Nachdrucks und der Wiedergabe auf fotomechanischem oder ähnlichem Wege, durch Fotokopie, Mikrofilm oder andere elektronische Verfahren sowie der Speicherung in Datenverarbeitungsanlagen, bleiben, auch bei nur auszugweiser Verwertung, dem Verlag vorbehalten.

ISBN 978-3-7073-1584-4

Es wird darauf verwiesen, dass alle Angaben in diesem Fachbuch trotz sorgfältiger Bearbeitung ohne Gewähr erfolgen und eine Haftung der Autorinnen oder des Verlages ausgeschlossen ist.

© LINDE VERLAG WIEN Ges.m.b.H., Wien 2009
1210 Wien, Scheydgasse 24, Tel.: 01/24 630
www.lindeverlag.at

Druck: Hans Jentzsch u Co. Ges.m.b.H.
1210 Wien, Scheydgasse 31

Vorwort

Haben Sie gerade ein Dienstzeugnis erhalten und wollen wissen, welche Qualität es hat, was zwischen den Zeilen steht? Oder stehen Sie vor der Aufgabe, ein Dienstzeugnis zu texten?

Dann ist dieser Ratgeber für Sie der richtige, da er sowohl die rechtliche Seite der Dienstzeugnisse in Österreich konkret beleuchtet, als auch Tipps und Hinweise zum Formulieren sowie eine umfangreiche Textbausteinsammlung zu Ihrer Verwendung enthält.

Der Wert von Dienstzeugnissen wird immer wieder in Frage gestellt, da Zeugnisse vielfach auf Wunsch ausgestellt oder vom Mitarbeiter gleich selbst verfasst werden.

Gerade beim Selbstverfassen ist es notwendig, die Usancen und rechtlichen Hintergründe zu kennen, um sich nicht selbst zu schaden. So sollten zum Beispiel aus unserer Sicht den manchmal verwendeten Geheimcodes in Dienstzeugnissen keine besondere Bedeutung beigemessen werden. Doch sind sie Realität und derart unzulässige Eintragungen in Österreich verboten. Daher ist es einerseits für Führungskräfte als auch für Personalverantwortliche wesentlich, die Bedeutung von Dienstzeugnissen zu sehen und zu wissen, worauf es beim Lesen und Interpretieren ankommt, um diese Informationsquelle im Bewerbungsvorgang zu nützen. Und andererseits soll damit auch dem Arbeitnehmer ein Werkzeug gegeben werden, um Dienstzeugnisse richtig zu interpretieren und gegebenenfalls eine Änderung zu erwirken.

Sie erhalten daher in diesem Buch

- Antworten zu den mit Dienstzeugnissen verbundenen Rechtsfragen speziell für Österreich sowie
- Erläuterungen zu Mängeln und verbotenen Inhalten,
- Formerfordernissen und
- einen Leitfaden für das Texten und Interpretieren.

Entnehmen Sie der Textbausteinsammlung auf der beiliegenden CD-ROM die für Sie relevanten Stellen direkt in Ihr Dienstzeugnis und sparen Sie dadurch Zeit beim Texten und Formulieren. Bei den Formulierungen für Dienstzeugnisse werden die aktuelle Rechtsprechung sowie eine praktische Handhabung zugrunde gelegt.

Wir wünschen den Arbeitgebern, dass sie mithilfe dieser Inhalte ein imageförderndes Dienstzeugnis für ihre Unternehmen schreiben und damit auch die Arbeitnehmer auf ihrem beruflichen Weg voranbringen.

Gleichzeitig empfehlen wir den Arbeitnehmern, sich kritisch mit den Inhalten des Dienstzeugnisses auseinanderzusetzen, um ihren künftigen Bewerbungserfolg zu steigern.

Wir wünschen Ihnen viel Erfolg!

Gabriele Cerwinka   *Alexandra Knell*   *Gabriele Schranz*

PS: Wir haben zur besseren Lesbarkeit bewusst auf das jeweilige Anführen der weiblichen und männlichen Form verzichtet. Unser Buch ist für alle interessierten Leser geschrieben – unabhängig von Geschlecht, Alter und Position.

Inhalt

Vorwort 5

Teil I – *Alexandra Knell*

A. Definition und Form des Dienstzeugnisses 11
    1. Definition 11
    2. Form 12
    3. Dienstzettel und Arbeitsbescheinigung 13

B. Endzeugnis und Zwischenzeugnis 15

C. Verpflichtungen des Arbeitgebers und Arbeitnehmers 18

D. Inhalt des Dienstzeugnisses 20
    1. Einfaches Dienstzeugnis 20
    2. Wahrheitspflicht 24
    3. Verbot nachteiliger Formulierungen 25

E. Sonstige Fragen 30
    1. Verzicht 30
    2. Kosten des Dienstzeugnisses 30
    3. Durchsetzung des Rechtsanspruchs 31
    4. Auskunft des Arbeitgebers gegenüber Dritten 32
    5. Dienstzeugnisse im Konkurs des Arbeitgebers 33
    6. Zusammenfassung 33

Teil II – *Gabriele Cerwinka/Gabriele Schranz*

Einleitung 37

A. Zeugnisformen 38
    1. Das einfache Zeugnis 38
    2. Das qualifizierte Zeugnis 38
    3. Das Zwischen- oder Interimszeugnis 39
    4. Das Endzeugnis 39
    5. Das Ausbildungszeugnis 39
    6. Das Lehrzeugnis 40
    7. Wie soll ein Dienstzeugnis grundsätzlich aussehen? 40

B. Gliederungsschema des qualifizierten Dienstzeugnisses 42

C. Schritt für Schritt zum perfekten qualifizierten Dienstzeugnis 46
1. Schritt: Sprache und Zeugnisstruktur 46
2. Schritt: Konkrete Formulierungen für die Einleitung 53
3. Schritt: Konkrete Formulierungen für die Positions- und
   Tätigkeitsbeschreibung 53
4. Schritt: Konkrete Formulierungen für die Leistungsbeurteilung und
   Arbeitsweise 58
5. Schritt: Konkrete Formulierungen für die fachliche Qualifikation 60
6. Schritt: Konkrete Formulierungen für die Weiterbildung 61
7. Schritt: Konkrete Formulierungen zu allgemeinen Fähigkeiten bzw
   Mitarbeiterführung 61
8. Schritt: Konkrete Formulierungen zum sozialen Verhalten 62
9. Schritt: Konkrete Schlussformulierungen 63

D. Zeugnisbeispiele 66

E. Textbausteine 73

F. Literaturverzeichnis 127

Teil I

Alexandra Knell

A. Definition und Form des Dienstzeugnisses

1. Definition

Unter einem Dienstzeugnis versteht man eine schriftliche Bestätigung über die Dauer und die Art der Dienstleistung eines Dienstnehmers.

Diese Definition ergibt sich aus folgenden verschiedenen Rechtsquellen über Dienstzeugnisse:

Für **Angestellte**: § 39 AngG

Zeugnis

§ 39 (1) Der Dienstgeber ist verpflichtet, bei Beendigung des Dienstverhältnisses dem Angestellten auf Verlangen ein schriftliches Zeugnis über die Dauer und die Art der Dienstleistung auszustellen. Eintragungen und Anmerkungen im Zeugnisse, durch die dem Angestellten die Erlangung einer neuen Stelle erschwert wird, sind unzulässig.

(2) Verlangt der Angestellte während der Dauer des Dienstverhältnisses ein Zeugnis, so ist ihm ein solches auf seine Kosten auszustellen.

(3) Zeugnisse des Angestellten, die sich in der Verwahrung des Dienstgebers befinden, sind ihm auf Verlangen jederzeit auszufolgen.

Für **Arbeiter**: § 1163 ABGB

(1) Bei Beendigung des Dienstverhältnisses ist dem Dienstnehmer auf sein Verlangen ein schriftliches Zeugnis über die Dauer und Art der Dienstleistung auszustellen. Verlangt der Dienstnehmer während der Dauer des Dienstverhältnisses ein Zeugnis, so ist ihm ein solches auf seine Kosten auszustellen. Eintragungen und Anmerkungen im Zeugnisse, durch die dem Dienstnehmer die Erlangung einer neuen Stellung erschwert wird, sind unzulässig.

(2) Zeugnisse des Dienstnehmers, die sich in Verwahrung des Dienstgebers befinden, sind dem Dienstnehmer auf Verlangen jederzeit auszufolgen.

Für **Lehrlinge**: § 16 BAG

(1) Nach Endigung oder vorzeitiger Auflösung des Lehrverhältnisses hat der Lehrberechtigte auf eigene Kosten dem Lehrling ein Zeugnis (Lehrzeugnis) auszustellen. Dieses Zeugnis muss Angaben über den Lehrberuf und kalendermäßige Angaben über die Dauer des Lehrverhältnisses enthalten; es können auch Angaben über die erworbenen Fertigkeiten und Kenntnisse aufgenommen werden. Angaben, die dem Lehrling das Fortkommen erschweren könnten, sind nicht zulässig.

(2) Das Lehrzeugnis unterliegt nicht der Gebührenpflicht im Sinne des Gebührengesetzes 1957, BGBl Nr 267.

(3) Die Lehrlingsstelle hat die Richtigkeit der Angaben über den Lehrberuf und die Dauer des Lehrverhältnisses in Lehrzeugnissen auf Antrag des Zeugnisinhabers zu bestätigen, wenn und insoweit der dem Antrag zu Grunde liegende Lehrvertrag bei der Lehrlingsstelle eingetragen ist. Bestätigte Lehrzeugnisse begründen für die Zulassung zur Lehrabschlussprüfung, zu einer Zusatzprüfung und für einen Befähigungsnachweis im Sinne der Gewerbeordnung 1994 vollen Beweis über die so beurkundete Lehrzeit.

Für **Gutsangestellte**: § 39 GAngG

(1) Der Dienstgeber ist verpflichtet, bei Beendigung des Dienstverhältnisses dem Dienstnehmer auf Verlangen ein schriftliches Zeugnis über die Dauer und die Art der Dienstleistung auszustellen. Eintragungen und Anmerkungen im Zeugnisse, durch die dem Dienstnehmer die Erlangung einer neuen Stelle erschwert wird, sind unzulässig.
(2) Verlangt der Dienstnehmer während der Dauer des Dienstverhältnisses ein Zeugnis, so ist ihm ein solches auf seine Kosten auszustellen.
(3) Zeugnisse des Dienstnehmers, die sich in der Verwahrung des Dienstgebers befinden, sind ihm auf Verlangen jederzeit auszufolgen.

Für **Hausgehilfen und Hausangestellte**: § 18 HGHAngG

(1) Der Dienstgeber ist verpflichtet, bei Beendigung des Dienstverhältnisses auf seine Kosten dem Dienstnehmer ein schriftliches Zeugnis über Dauer und Art der Dienstleistung auszustellen. Andere Angaben darf das Zeugnis nicht enthalten.
(2) Verlangt der Dienstnehmer während der Dauer des Dienstverhältnisses ein Zeugnis, so ist ihm ein solches auf seine Kosten vom Dienstgeber auszustellen. Für den Inhalt eines solchen Zeugnisses gilt Abs 1.

2. Form

Das Dienstzeugnis ist nach den verschiedenen gesetzlichen Bestimmungen **schriftlich** auszustellen. Hiebei hat der Arbeitgeber eine verkehrsübliche Form zu verwenden und das Dienstzeugnis selbst zu unterzeichnen oder durch einen Bevollmächtigten unterzeichnen zu lassen, sodass es die Beweiskraft einer Privaturkunde im Sinne des § 294 ZPO hat.[1]

Nicht erforderlich ist die ausdrückliche Bezeichnung als „Zeugnis", „Arbeitszeugnis" oder „Dienstzeugnis"[2], ebenso wenig die Überschrift „Dienstbestätigung"[3].

---

[1] *Reissner* in ZellKomm § 39 AngG Rz 22 mwN.
[2] OLG Graz 13.2.1992, 7 Ra 89/91, Arb 11.008.
[3] *Reissner* in ZellKomm § 39 AngG Rz 23 mwN.

Das Dienstzeugnis darf keine **äußeren Mängel** wie Durchstreichungen oder beschädigtes Papier aufweisen. Wenn auf ein und demselben Blatt Papier ein inhaltlich und sprachlich unvollständig ausgefertigtes Dienstzeugnis dadurch korrigiert wird, dass der von der Dienstnehmerin gewünschte Text nach dem Firmenstempel aufgedruckt und nochmals unterfertigt wird, so widerspricht diese Vorgangsweise dem Erschwernisverbot.[4] Im Zuge einer Bewerbung ist nämlich für jeden neuen Arbeitgeber ersichtlich, dass es offensichtlich Probleme im Verhältnis zwischen Dienstnehmer und Dienstgeber gegeben hat.[5]

Wenn der Arbeitgeber den Zeugnisbogen faltet, um ihn in einem Umschlag kleineren Formats unterzubringen, so ist dies nicht zu beanstanden. Eine allgemeine Übung, Dienstzeugnisse grundsätzlich in einem DIN-A4-Kuvert mit gesteiftem Rücken zu versenden, besteht nicht.[6] Auch darf ein Dienstzeugnis zweifach geknickt sein.[7] Jedenfalls nicht ordnungsgemäß ist ein Dienstzeugnis auf pinkfarbenem Briefpapier mit Fettflecken und Rechtschreibfehlern.[8]

Ein vom Arbeitgeber berichtigtes Zeugnis ist auf das ursprüngliche Ausstellungsdatum zurückzudatieren, wenn die verspätete Ausstellung nicht vom Arbeitnehmer zu vertreten ist.[9]

Seit dem Abgabenänderungsgesetz 2001, (BGBl I 144/2001), das mit 1.1.2002 in Kraft getreten ist, sind Dienstzeugnisse nicht mehr zu vergebühren.

3. Dienstzettel und Arbeitsbescheinigung

Vom Dienstzeugnis zu unterscheiden ist der **Dienstzettel**.[10] Gemäß § 2 AVRAG hat der Arbeitgeber dem Arbeitnehmer unverzüglich nach Beginn des Arbeitsverhältnisses eine schriftliche Aufzeichnung über die wesentlichen Rechte und Pflichten aus dem Arbeitsvertrag auszuhändigen („Dienstzettel").

Der Dienstzettel hat insbesondere Angaben zur Person des Arbeitgebers und Arbeitnehmers, Beginn und Dauer des Dienstverhältnisses, vorgesehene Verwendung und Arbeitsort, Einstufung in ein generelles Schema, Anfangsbezug und Fälligkeit des Entgelts, Urlaubsanspruch, Normalarbeitszeit, anwendbaren Kollektivvertrag sowie Mitarbeitervorsorgekasse zu enthalten.

---

[4] Siehe dazu unter D.3.
[5] OGH 8.3.2001, 8 ObA 217/00w.
[6] Bundesarbeitsgericht/BRD 21.9.1999, 9 AZR, 893/98, Handbuch zum Angestelltenrecht (ARD), § 39 RN 611.
[7] Landesarbeitsgericht Schleswig-Hohlstein/BRD 9.12.1997, 5 Ta 97/96.
[8] ASG Wien 7.1.2002, 26 Cga 20/01a, bestätigt durch OLG Wien 28.5.2002, 7 Ra 139/02s.
[9] Bundesarbeitsgericht/BRD 9.9.1992, 5 AZR 509/91, Handbuch zum Angestelltenrecht (ARD), § 39 RN 611.
[10] OGH 1.10.1974, 4 Ob 48, 53/74.

Weiters handelt es sich beim Dienstzeugnis auch nicht um eine **Arbeitsbescheinigung** im Sinne des § 46 Abs 4 AlVG. Jeder Arbeitslose hat nach dieser Bestimmung eine Bestätigung des Dienstgebers über die Dauer und Art des Dienstverhältnisses, die Art der Lösung und erforderlichenfalls über die Höhe des Entgeltes dem AMS beizubringen. Gemäß § 2 der auf Grundlage des § 46 Abs 4 AlVG erlassenen **Arbeitsbescheinigungsverordnung**[11] hat der Arbeitgeber für die Ausstellung der Arbeitsbescheinigung den Vordruck des AMS zu verwenden. Arbeitsbescheinigungen sind vom Arbeitgeber oder dessen Beauftragten zu unterzeichnen. Die Arbeitsbescheinigung dient zur Vorlage beim AMS und ist Voraussetzung für den Erhalt von Arbeitslosengeld.[12] Die Arbeitsbescheinigung hat mehr Angaben zu enthalten als ein einfaches Dienstzeugnis, allerdings – mangels Werturteil über die Tätigkeit des Arbeitnehmers – weniger als ein qualifiziertes Dienstzeugnis.

Der Arbeitgeber ist zur Ausstellung der Arbeitsbescheinigung grundsätzlich verpflichtet. Da es sich allerdings um einen **öffentlich-rechtlichen Anspruch** handelt, kann dieser vom Arbeitnehmer nicht vor dem Arbeits- und Sozialgericht eingeklagt werden.[13] Diese Rechtsansicht des Obersten Gerichtshofes wird in der Literatur verschiedentlich kritisiert; dies insbesondere im Hinblick darauf, dass gemäß § 61 Abs 1 Z 3 ASGG ein stattgebendes Urteil erster Instanz auf Herausgabe von Arbeitspapieren sofort vollstreckbar ist (was für den Dienstnehmer den Vorteil der schnelleren Erlangung der Arbeitsbescheinigung hätte). Nach Ansicht des OGH ist die Arbeitsbescheinigung allerdings nicht vom Begriff der „Arbeitspapiere" des § 61 ASGG umfasst.[14]

---

[11] BGBl 301/96.
[12] *Reissner* in ZellKomm § 39 AngG Rz 3.
[13] *Martinek-Schwarz-Schwarz*, AngG, § 39 Erl 16 mwN.
[14] Vgl OGH 28.8.2003, 8 ObA 74/03w in Bestätigung seiner bisherigen Judikatur und Auseinandersetzung mit verschiedenen Lehrmeinungen; OGH 12.10.1988, 9 ObA 247/88, Arb 10.756; *Martinek-Schwarz-Schwarz*, AngG, § 39 Erl 16 mwN.

B. Endzeugnis und Zwischenzeugnis

Die Hauptfunktion eines Dienstzeugnisses besteht in seiner Verwendung als Bewerbungsunterlage im vorvertraglichen Arbeitsverhältnis. Es dient dem Stellenbewerber als Nachweis über zurückliegende Arbeitsverhältnisse und dem präsumtiven Arbeitgeber als Informationsquelle über die Qualifikation des Bewerbers.

Während das **Endzeugnis** dem Dienstnehmer auf sein Verlangen hin bei Beendigung des Dienstverhältnisses ausgestellt werden muss, wird das **Zwischenzeugnis** während der Dauer des Dienstverhältnisses ausgestellt.

„Bei Beendigung" des Dienstverhältnisses heißt im Zuge der Auflösung des Arbeitsverhältnisses. Der Arbeitgeber muss das Dienstzeugnis allerdings nicht automatisch ausstellen, sondern nur **auf Verlangen** des Dienstnehmers. Verlangt der Arbeitnehmer die Ausstellung, so muss der Arbeitgeber unverzüglich darauf reagieren. Wenn der Arbeitgeber ein **mangelhaftes Zeugnis** ausstellt, so hat er seine gesetzliche Verpflichtung nicht gehörig erfüllt. Der Arbeitnehmer hat dann einen Berichtigungsanspruch, der auch im Rechtsweg durchsetzbar ist. Beim Berichtigungsanspruch handelt es sich nach wie vor um einen Erfüllungsanspruch. Dem Arbeitnehmer ist es allerdings bei Erhalt eines mangelhaften Zeugnisses zumutbar, den Arbeitgeber innerhalb einer angemessenen Frist auf vorhandene Mängel aufmerksam zu machen und deren Berichtigung zu verlangen. Als Orientierungshilfe zur Bestimmung einer „angemessenen Frist" für die Geltendmachung des Berichtigungsanspruchs bietet sich – so das LG Innsbruck – eine Ausrichtung an der gesetzlichen Gewährleistungsfrist (§ 933 ABGB) von sechs Monaten an. Der Arbeitgeber hat einem berechtigten Berichtigungsbegehren des Arbeitnehmers – sowie dem ursprünglichen Begehren auf Ausstellung eines Dienstzeugnisses – **prompt** zu entsprechen. Allerdings ist ihm zu diesem Zweck die zur Überprüfung des vom Arbeitnehmer behaupteten Mangels und zur sorgfältigen Neuausstellung des Zeugnisses notwendige Zeit zuzugestehen.[15]

Wenn der Arbeitnehmer das Dienstzeugnis schon vor Beendigung des Dienstverhältnisses begehrt (zB um es bereits in allfälligen Bewerbungsgesprächen vorzulegen), so kann er nur ein Zwischenzeugnis verlangen, weil der Arbeitgeber nicht verpflichtet ist, ein Endzeugnis während der Kündigungsfrist auszustellen. Allerdings hat der Arbeitgeber nicht unbegrenzt Zeit, ein Dienstzeugnis auszustellen, sondern muss dies – gerade bei längeren Kündigungsfristen und rechtzeitigem Verlangen des Arbeitnehmers – sofort bei Beendigung des Dienstverhältnisses aushändigen.[16]

---

[15] LG Innsbruck 21.10.1992, 17 Cga 1081/92, Arb 11.049.
[16] *Reissner* in ZellKomm § 39 AngG Rz 14.

Irrelevant für den Rechtsanspruch des Arbeitnehmers auf Ausstellung eines Dienstzeugnisses ist die **Beendigungsart**. Ein Rechtsanspruch auf Ausstellung eines Dienstzeugnisses besteht daher auch bei berechtigter Entlassung des Arbeitnehmers, unberechtigtem vorzeitigen Austritt sowie einvernehmlicher Auflösung. Auch die Dauer des Dienstverhältnisses ist grundsätzlich irrelevant, sodass der Arbeitnehmer auch bei kurzfristigen Dienstverhältnissen (zB Ferialjob) oder Beendigung nach Ablauf des Probemonats bereits ein Dienstzeugnis verlangen kann.[17]

Der Arbeitgeber hat **kein Zurückbehaltungsrecht** am Dienstzeugnis. Wegen der Funktion des Dienstzeugnisses als Mittel der Fortkommensförderung darf der Arbeitgeber dessen Ausstellung nicht beliebig hinauszögern. An die rechtzeitige Ausfolgung des Dienstzeugnisses sind strenge Maßstäbe anzulegen. Eine kurze Nachfrist von ein bis zwei Tagen kann nur dann eingeräumt werden, wenn das Dienstverhältnis abrupt – beispielsweise durch fristlose Entlassung – endet. Bei der Beendigungserklärung eines **Probedienstverhältnisses**, bei der für den Arbeitgeber der Überraschungseffekt der Beendigung fehlt, besteht daher schon von vornherein kein Grund für eine verzögerte Zeugnisausstellung.[18] Der Arbeitgeber kann sich auch nicht darauf berufen, dass wegen der Kürze des Dienstverhältnisses (im konkreten Fall zwei Monate) kein Anspruch auf ein Dienstzeugnis besteht.[19]

Wenn ein Kollektivvertrag für sämtliche Ansprüche aus dem Dienstverhältnis eine sechswöchige Verfallsfrist enthält, so kann diese Bestimmung für Entgeltansprüche (teil)nichtig sein. Dies gilt allerdings nicht für den Anspruch auf Ausstellung eines Dienstzeugnisses, weil das Verlangen des Arbeitnehmers durch die Einhaltung der sechswöchigen Frist nicht übermäßig erschwert wird.[20]

Im Gegensatz zum Endzeugnis ist das **Zwischenzeugnis** nicht bei Beendigung des Dienstverhältnisses, sondern während des Dienstverhältnisses auszustellen. Selbstverständlich besteht der Anspruch auch nur auf Verlangen des Dienstnehmers.

Festzuhalten ist, dass ein Rechtsanspruch auf Ausstellung eines Dienstzeugnisses nur echten Dienstnehmern, die in persönlicher und wirtschaftlicher Abhängigkeit zu einem Dienstgeber stehen, zusteht. **Freie Dienstnehmer**, die nicht in persönlicher, wohl aber in wirtschaftlicher Abhängigkeit zu einem Dienstgeber Arbeitsleistungen erbringen, haben hingegen keinen Rechtsanspruch auf Ausstellung eines Dienstzeugnisses. Dies wird von der Judikatur dadurch begründet, dass der Anspruch auf Ausstellung eines Dienstzeugnisses als Konkretisierung der Fürsorgepflicht des Arbeitgebers verstanden wird. Die Funktion

---

[17] *Reissner* in ZellKomm § 39 AngG Rz 15.
[18] ASG Wien 1.3.1994, 18 Cga 1/94m, Handbuch zum Angestelltenrecht (ARD), § 39 RN 612.
[19] Landesarbeitsgericht Köln/BRD 30.3.2001, 4 Sa 1485/00, Handbuch zum Angestelltenrecht (ARD), § 39 RN 603.
[20] OLG Wien 12.4.2002, 8 Ra 57/02, Handbuch zum Angestelltenrecht (ARD), § 39 RN 612.

des Dienstzeugnisses besteht darin, das Fortkommen des Arbeitnehmers zu fördern. Daraus wird abgeleitet, dass es sich beim Dienstzeugnis um einen typischerweise aus der persönlichen Abhängigkeit und dem damit verbundenen sozialen Schutzbedürfnis des Arbeitnehmers entspringenden Anspruch gegenüber dem Arbeitgeber handelt. Da ein freier Dienstnehmer allerdings nicht in persönlicher Abhängigkeit zu einem Dienstgeber steht, wird der Rechtsanspruch auf Ausstellung eines Dienstzeugnisses von der Rechtsprechung verneint.[21]

---

[21] ASG Wien 15.2.2007, 21 Cga 158/06t (Berufung erhoben); vgl auch ASG Wien 29.1.2001, 20 Cga 197/99 g.

C. Verpflichtungen des Arbeitgebers und Arbeitnehmers

Der Arbeitgeber ist verpflichtet, auf Verlangen des Arbeitnehmers ein End- oder Zwischenzeugnis auszustellen. Selbstverständlich kann der Arbeitgeber hiezu andere Personen (zB Personalisten) **bevollmächtigen**. In der Praxis werden Dienstzeugnisse kaum vom Arbeitgeber persönlich[22] ausgestellt, sondern von der **Personalabteilung**. Es genügt sohin die Unterzeichnung des Dienstzeugnisses durch einen unternehmensangehörigen Vertreter des Arbeitgebers. War ein Arbeitnehmer unter Hinweis auf diese Position aber der Geschäftsleitung direkt unterstellt, so ist das Dienstzeugnis von einem Mitglied der Geschäftsleitung auszustellen und zu unterzeichnen.[23]

Wenn ein Arbeitsverhältnis bei Konkurseröffnung des Dienstgebers nicht mehr aufrecht war, so hat der Arbeitgeber (Gemeinschuldner) das Dienstzeugnis auszustellen, nicht aber der Masseverwalter.[24]

Die Verpflichtung des Arbeitgebers zur Ausstellung eines Dienstzeugnisses geht im Fall eines **Betriebsüberganges** mit den Rechten und Pflichten aus dem Arbeitsverhältnis auf den neuen Inhaber über (§ 3 Abs 1 AVRAG). Daraus ergibt sich, dass Arbeitgeber nach Betriebsübergängen in der Praxis oftmals vor dem Problem stehen, dass sie Dienstzeugnisse über Arbeitnehmer ausstellen müssen, bei denen sie möglicherweise einen Großteil des Dienstverhältnisses nicht mit der Arbeitgeberfunktion betraut waren. Der Arbeitgeber ist in diesen Fällen möglicher Weise gar nicht in der Lage, ein qualifiziertes Dienstzeugnis auszustellen, auch wenn er dies möchte. Eine Lösung kann in der Ausstellung eines Zwischenzeugnisses liegen: So kann der Verkäufer eines Unternehmens anlässlich des Betriebsüberganges sämtlichen Dienstnehmern ein Zwischenzeugnis über die bisherige Arbeitsleistung ausstellen. Da Zwischenzeugnisse allerdings nur auf Verlangen des Arbeitnehmers auszustellen sind, sollte der Verkäufer des Unternehmens seine Mitarbeiter aufklären und ihnen die Vorteile einer derartigen Vorgangsweise darstellen. In diesem Fall kann sich der Erwerber bei Ausstellung des Endzeugnisses am Zwischenzeugnis orientieren und dieses um die Zeiten des bei ihm verbrachten Teils des Dienstverhältnisses ergänzen.

Die Pflicht des Arbeitgebers zur Ausstellung eines Dienstzeugnisses ist eine **Holschuld**. Dies bedeutet, dass der Arbeitnehmer zwar einen grundsätzlichen

---

[22] Bei juristischen Personen wären das die vertretungsbefugten Organe, wie der Geschäftsführer der GmbH oder der Vorstand der AG.
[23] Bundesarbeitsgericht/BRD 26.6.2001, 9 AZR 392/00, ARD 5236/8/2001.
[24] ASG Wien 1.3.1999, 29 Cga 195/97a, Handbuch zum Angestelltenrecht (ARD), § 39 RN 605.

Rechtsanspruch auf Ausstellung eines Dienstzeugnisses hat, nicht aber auf Übersendung oder Überbringung des Zeugnisses durch den Arbeitgeber.

Es kann zwar die Übermittlung des Dienstzeugnisses an den Wohnort des Arbeitnehmers vereinbart werden, dadurch entsteht allerdings keine Bringschuld des Arbeitgebers, sondern eine **Schickschuld**. Dies bedeutet, dass der Erfüllungsort die Niederlassung des Unternehmens bleibt und der Arbeitgeber seine Leistungspflicht bereits mit der Absendung des Dienstzeugnisses an den Arbeitnehmer erfüllt hat. Die Gefahr des Verlustes des Zeugnisses geht dadurch auf den Arbeitnehmer über. Im Rahmen der aus dem Dienstverhältnis **nachwirkenden Fürsorgepflicht** ist der Arbeitgeber bei Verlust eines abgeschickten und verloren gegangenen Dienstzeugnisses verpflichtet, ein Duplikat auszustellen, doch kann dieses Gebot nach der Rechtsprechung keine schrankenlose Geltung haben. Hat der Arbeitgeber nach Beendigung des Dienstverhältnisses eines Arbeitnehmers bis zur Klagseinbringung beispielsweise insgesamt drei Dienstzeugnisse an die vom Arbeitnehmer jeweils bekannt gegebene Adresse übersandt, hat er damit die aus § 39 AngG erfließenden Pflichten im Zusammenhang mit der Ausstellung eines Dienstzeugnisses zweifelsfrei erfüllt.[25]

Den Arbeitgeber trifft auch nicht die Verpflichtung, jedem Arbeitnehmer automatisch bei Beendigung des Dienstverhältnisses ein Dienstzeugnis auszustellen. Vielmehr hat der Arbeitnehmer dies zu verlangen. Die bloße Bemerkung des Arbeitgebers, dass „die Papiere übersendet werden", ist – wenn der Arbeitnehmer nicht ausdrücklich ein Dienstzeugnis verlangt hat – nicht als schlüssige Ankündigung des Arbeitgebers, ein Dienstzeugnis zu übersenden, zu verstehen.[26]

Verlangt der Arbeitnehmer bei Verlust des ursprünglichen Dienstzeugnisses die Ausstellung eines Duplikats, so hat er hiefür auch die Kosten selbst zu tragen.

Zur Bringschuld wird das Dienstzeugnis lediglich dann, wenn zwischen Arbeitgeber und Arbeitnehmer derartiges vereinbart ist oder wenn der Arbeitgeber mit der Ausstellung in Verzug ist.[27]

Das Verlangen des Arbeitnehmers auf Ausstellung eines Dienstzeugnisses ist an keine bestimmte Form gebunden.

---

[25] ASG Wien 28.6.1993, 7 Cga 234/93v, ARD 4545/35/94, Handbuch zum Angestelltenrecht (ARD), § 39 RN 610.
[26] ASG Wien 27.1.1994, 18 Cga 312/93w, bestätigt durch OLG Wien 3.8.1994, 32 Ra 94/94, ARD 4591/20/94, Handbuch zum Angestelltenrecht (ARD), § 39 RN 610.
[27] *Reissner* in ZellKomm § 39 AngG Rz 18 mwN.

D. Inhalt des Dienstzeugnisses

Im Unterschied zur deutschen Gesetzeslage sehen die österreichischen Gesetzesbestimmungen nur eine Verpflichtung des Arbeitgebers vor, Dauer und Art der Dienstleistung zu beschreiben. Es gibt sohin – im Gegensatz zu Deutschland – keine Verpflichtung des Arbeitgebers, die Arbeitsleistungen des Dienstnehmers zu bewerten. Nach der österreichischen Rechtslage gibt es keinen Rechtsanspruch auf die Ausstellung eines sogenannten **„qualifizierten Dienstzeugnisses"**. Bewertet der Arbeitgeber die Arbeitsleistungen und Tätigkeiten des Dienstnehmers im Dienstzeugnis, so erfolgt dies freiwillig.

Auch wenn ein Arbeitnehmer das Dienstzeugnis in einem anderen Land (zB Deutschland) verwenden will, in dem qualifizierte Dienstzeugnisse gesetzlich verpflichtend vorgesehen sind, hat er dennoch nur Anspruch auf ein einfaches Dienstzeugnis und nicht auf ein qualifiziertes.[28]

Obwohl der Arbeitgeber daher nicht verpflichtet ist, die Dienstleistung des Arbeitnehmers zu bewerten, so hat er dennoch Anmerkungen zu unterlassen, die dem Angestellten die Erlangung einer neuen Stelle erschweren könnten.[29] Das Dienstzeugnis hat daher sowohl dem Grundsatz der Wahrheit als auch dem Verbot nachteiliger Formulierungen zu entsprechen.

1. Einfaches Dienstzeugnis

Unter einem einfachen Dienstzeugnis versteht man eine reine Beschäftigungsbestätigung, die objektiv richtig sein muss.[30]

Der Arbeitgeber kann grundsätzlich die **Formulierung** des Dienstzeugnisses **frei wählen** und ist nicht an Formulierungsvorschläge des Dienstnehmers gebunden.[31] In der Praxis überlassen Arbeitgeber die Formulierung des Dienstzeugnisses allerdings oft den Arbeitnehmern, um Konflikte zu vermeiden bzw dem Arbeitnehmer entgegenzukommen. So erstatten Dienstnehmer häufig Vorschläge für ein fertig formuliertes Dienstzeugnis, das der Arbeitgeber kontrolliert und nach Vornahme von Änderungen unterschreibt.

Wie bereits ausgeführt, hat der Arbeitnehmer keinen Anspruch auf ein qualifiziertes Dienstzeugnis,[32] sondern nur auf ein einfaches Dienstzeugnis, das Auskunft über Dauer und Art der Dienstleistung gibt.

---

[28] OGH 29.9.1999, 9 ObA 185/99t.
[29] Für viele: OLG Wien 24.4.2002, 9 Ra 115/02a.
[30] Für viele: OGH 8.3.2001, 8 ObA 217/00w; 29.9.1999, 9 ObA 185/99t; 12.2.1992, 9 Ob 32, 1002/92.
[31] OGH 29.9.1999, 9 ObA 185/99t.
[32] OLG Wien 24.11.1999, 8 Ra 136/99z.

Die **Dauer** des Dienstverhältnisses umfasst die rechtliche Dauer, nicht die faktische.[33] Unter „Dauer" versteht man den Beginn und das Ende des Dienstverhältnisses.[34] Irrelevant ist, ob der Dienstnehmer am Ende des Dienstverhältnisses dienstfrei gestellt war oder noch Urlaub konsumierte. Ebenso ist irrelevant, ob der Dienstnehmer durch Bezug von **Urlaubsersatzleistung** noch länger sozialversichert war. Entscheidend ist das arbeitsrechtliche Ende des Dienstverhältnisses.

Hat der Dienstnehmer während des Dienstverhältnisses **Karenzurlaub** in Anspruch genommen, so hat die Erwähnung von Karenzurlauben ebenso zu unterbleiben wie die Erwähnung von **Krankenständen**.

Ein Sonderfall ist, dass das Dienstverhältnis rechtlich geendet hat (zB durch Entlassung), aber dem Dienstnehmer (beispielsweise weil die Entlassung unberechtigt erfolgte) für die fiktive Dauer der Kündigungsfrist **Kündigungsentschädigung** zusteht. Der Oberste Gerichtshof hat zu diesem Fall ausgesprochen, dass auch hier der konkrete Beendigungstermin (dh der Tag der Entlassung bzw des Zugangs der Entlassung) als Beendigungstag im Dienstzeugnis zu nennen ist.[35] Demgegenüber wird teilweise in der Lehre vertreten, dass auch der Bezugszeitraum der Kündigungsentschädigung, in dem kein Arbeitsverhältnis mehr besteht, in die anzugebende Dauer des Arbeitsverhältnisses einzubeziehen ist. Begründet wird diese Ansicht damit, dass ein zukünftiger Arbeitgeber sonst aus dem in der Regel ungewöhnlichen Endzeitpunkt des Dienstverhältnisses (nämlich nicht der Monatsletzte oder der 15.) zu Unrecht auf ein Fehlverhalten des Arbeitnehmers schließen könnte.[36]

Dieser Rechtsmeinung kann nicht gefolgt werden, zumal die Dauer des Dienstverhältnisses ganz eindeutig mit dem rechtlichen Bestand definiert ist, nicht aber mit allfälligen finanziellen Ansprüchen des Arbeitnehmers, die über die Dauer des Dienstverhältnisses hinaus zu erbringen sind. So werden beispielsweise auch Zeiträume, in denen der Dienstnehmer die gesetzliche Abfertigung vom Arbeitgeber bezieht, nicht in den Begriff der Dauer des Dienstverhältnisses einbezogen.[37] Dieser Ansicht (die auch der OGH teilt; siehe oben) hat sich auch die jüngere Judikatur angeschlossen, die ausdrücklich festhält, dass Zeiten, für die dem Arbeitnehmer eine Kündigungsentschädigung zusteht, nicht in die Dauer der Dienstleistung einzubeziehen sind.[38]

---

[33] OLG Wien 24.11.1999, 8 Ra 136/99z.
[34] Vgl *Trattner*, Das Dienstzeugnis in der Praxis, ASoK 2004/427.
[35] OGH 19.4.1989, 9 ObA 119/89.
[36] *Schindler* in *Mazal/Risak*, Das Arbeitsrecht – System und Praxiskommentar, Kapitel XX, Rz 35; *Reissner* in ZellKomm § 39 AngG Rz 29.
[37] Gemäß § 23 AngG wird die gesetzliche Abfertigung im System „Abfertigung Alt", sofern sie drei Monatsentgelte übersteigt, in Teilbeträgen bis zu einer Dauer von 12 Monaten nach rechtlicher Beendigung des Dienstverhältnisses ausbezahlt.
[38] OLG Wien 1.7.1992, 32 Ra 66/92, ARD 4425/18/93, Handbuch zum Angestelltenrecht (ARD), § 39 RN 604.

Dienstzeugnisse haben sich auch auf Zeiträume zu erstrecken, in denen der Arbeitnehmer an der Dienstleistung verhindert war.[39] Die Dauer des Dienstverhältnisses umfasst nicht auch die **Art der Beendigung**. Das Dienstzeugnis darf daher nicht beinhalten, dass die Beendigung des Dienstverhältnisses vom Arbeitgeber ausgegangen ist, weil dies eine Entlassung jedenfalls nicht ausschließt und für den Arbeitnehmer die Erlangung einer neuen Stelle erschweren würde.[40] Die Angabe über die Art der Beendigung des Dienstverhältnisses gehört sohin nicht zu den gesetzlich vorgeschriebenen Angaben und hat daher zu entfallen.[41] Dennoch hat das ASG Wien ausgesprochen, dass die Angabe in einem Dienstzeugnis, dass das Dienstverhältnis vom Arbeitgeber gelöst wurde, für sich alleine noch keine nachteilige Formulierung darstellt, solange die näheren Motive und Umstände der Auflösung nicht enthalten sind.[42]

Die **Art der Arbeitsleistung** ist so anzugeben, dass sich derjenige, der das Zeugnis in die Hand bekommt, ein klares Bild über die erbrachte Dienstleistung machen kann. Das Zeugnis muss vollständig und objektiv sein; es muss die Art der Beschäftigung in üblicher Weise bezeichnen. Es hat bloß Tatsachen zu bestätigen, eine rechtliche Qualifikation muss es nicht enthalten.[43] Die Art der Arbeitsleistung muss einen guten **Einblick in den tatsächlichen Aufgabenkreis** des Arbeitnehmers gewähren.[44] Das Dienstzeugnis muss zwar keine Details der Art der Beschäftigung enthalten.[45] Jeder, der das Dienstzeugnis in die Hand bekommt, muss sich aber über die Art der Dienstleistung ein klares Bild machen können.[46] Eine gewisse **Präzisierung der Dienstleistung** ist dann erforderlich, wenn dies für das Fortkommen des Arbeitnehmers von Bedeutung ist, wobei die Formulierung wiederum Sache des Arbeitgebers ist.[47] Diese Verpflichtung kann sich unter anderem auch aus der arbeitrechtlichen Fürgsorgepflicht des Arbeitgebers ergeben. Diese hat ihren Ursprung in der Integration des Arbeitsnehmers in den Einflussbereich des Arbeitgebers und wird grundsätzlich in § 1157 ABGB bzw § 18 AngG geregelt. Die Fürsorgepflicht soll unter anderem auch einen Schutz der Persönlichkeit des Arbeitnehmers bewirken. Aus diesem Persönlich-

---

[39] ASG Wien 19.4.2002, 17 Cga 2000/01g, ARD 5372/7/2003.
[40] ASG Wien 17.5.1994, 11 Cga 253/93t, Handbuch zum Angestelltenrecht (ARD), § 39 RN 607.
[41] OGH 24.2.1993, 9 ObA 27, 28/93.
[42] ASG Wien 15.12.1994, 29 Cga 121/94i, Handbuch zum Angestelltenrecht (ARD), § 39 RN 607.
[43] *Martinek*, Angestelltengesetz, § 39 Rz 8.
[44] OGH 30.6.2005, 8 ObA 16/05v; OGH 29.4.1958, 4 Ob 45/58.
[45] OGH 24.4.2003, 8 ObA 217/02y; ASG Wien 13.12.2001, 4 Cga 190/01s, ARD 5372/6/2003.
[46] LG Linz 24.11.1994, 14 Cga 73/94f, Handbuch zum Angestelltenrecht (ARD), § 39 RN 606.
[47] ASG Wien 17.5.1994, 11 Cga 253/93t, Handbuch zum Angestelltenrecht (ARD), § 39 RN 607.

keitsschutz wird auch die Verpflichtung zur Förderung anlässlich der Beendigung des Dienstverhältnisses abgeleitet. Die Fürsorgepflicht wirkt also auch nach Beendigung des Arbeitsverhältnisses fort, wobei der Arbeitgeber die Interessen des Arbeitnehmers in gewissem Rahmen weiter zu berücksichtigen hat.[48]

Die Bezeichnung als **„Angestellter"** genügt daher grundsätzlich nicht, es sei denn, der Arbeitnehmer verlangt dies so.[49] Aus der vagen Berufsbezeichnung „Angestellter" kann sich ein neuer Arbeitgeber nämlich nach der Rechtsprechung kein klares Bild über die vom Arbeitnehmer tatsächlich durchgeführte Tätigkeit machen.[50] Mit dem Begriff ist nicht einmal eine Berufsbezeichnung verbunden, sondern es handelt sich um einen inhaltsleeren Begriff im Sinne des § 2 Abs 1 AngG. Funktionell bedeutet ein solches Zeugnis des Arbeitgebers nicht mehr als eine Versicherungsbestätigung über erworbene Beschäftigungszeiten. Obwohl die Bezeichnung als „Angestellter" formell nicht dem Erschwernisverbot widerspricht, ist psychologisch dem potentiellen neuen Arbeitgeber im Fall einer solchen „kargen" Formulierung jedenfalls erkennbar, dass das vorausgehende Dienstverhältnis unharmonisch endete.[51]

Zusatzausbildungen, die der Dienstnehmer während des aufrechten Dienstverhältnisses erlangt hat, müssen im Dienstzeugnis nicht ausgewiesen werden. In der Regel ist der Arbeitnehmer nämlich im Besitz von darüber ausgestellten Zertifikaten, die er dem neuen Arbeitgeber vorlegen kann[52].

Wenn die vom Arbeitgeber gewählte Fassung des Dienstzeugnisses mit der tatsächlichen Tätigkeit des Arbeitnehmers übereinstimmt, kann der Arbeitnehmer keine andere Ausdrucksweise verlangen, auch wenn das Dienstzeugnis nur allgemein gebräuchliche Ausdrücke der Umgangssprache enthält.

Beispiele aus der Rechtsprechung

- So wurde beispielsweise die Beschreibung der Tätigkeit eines Arbeitnehmers als **„Direktionsassistent"** und **„Leiter der Rechtsabteilung"** als hinreichend präzise qualifiziert, weil diese Bezeichnungen ausreichend Aufschluss über die vom Arbeitnehmer erbrachten Tätigkeiten geben.[53]

- Die Beschreibung mit dem Wort **„Sekretärin"** wurde hingegen nicht als ausreichend gesehen, weil sie zu unkonkret war.[54] So wurde bei dem Beruf der Sekretärin von der Judikatur gefordert, Einblick in den tatsächlichen Aufga-

---
[48] OGH 24.4.2003, 8 ObA 217/02y.
[49] OGH 8.3.2001 8 ObA 217/00w, OLG Wien 20.2.2002, 8 Ra 430/01s.
[50] OLG 20.2.2002, 8 Ra 430/015.
[51] Anmerkung von *Adamovich* zu OGH 8.3.2001, 8 ObA 217/00w, ARD 5236/3/2001.
[52] ASG Wien 9.9.1997, 8 Cga 74/97b, ARD 4931/35/98.
[53] OGH 23.8.1995, 9 ObA 93/95, vgl Handbuch zum Angestelltenrecht (ARD), § 39 Rn 607.
[54] ASG Wien 24.1.2001, 22 Cga 45/00y, ARD 5236/5/2001.

- benbereich der Arbeitnehmerin zu gewährleisten (zB selbstständige Sekretärin mit eigenverantwortlicher Entscheidungsbefugnis).[55]
- Wenn ein **Kanzleileiter** auch mit Buchhaltungsaufgaben befasst war, ist auch dies im Dienstzeugnis anzuführen. Da der allgemeine Vorstellungsbereich im Rahmen des durchschnittlichen Empfängerhorizontes von Arbeitgebern nämlich mit dem Begriff des Kanzleileiters in Rechtsanwaltskanzleien nur die typischen Anwaltsagenden verbindet, ist der Hinweis auf die „Buchhaltung" hilfreich und erforderlich, um die verrichtete Arbeitstätigkeit zu umschreiben.[56]
- Ein Anspruch auf **firmeninterne Titel** im Dienstzeugnis besteht nicht.[57]
- Auch wenn in einem Dienstzeugnis Qualifikationen rechtlicher Natur nicht enthalten sein müssen, kann dem Arbeitnehmer ein Anspruch auf die Feststellung seiner Angestellteneigenschaft zustehen. Zwar weist die Bezeichnung „**Alleinverkäufer**" bereits auf diese Eigenschaft hin; da jedoch in manchen Betrieben Verkäufer angestellt sind, die einen Dienstvertrag als Arbeiter haben und als solche auch bei der Gebietskrankenkasse angemeldet sind, ist das Begehren eines Arbeitnehmers, dass im Dienstzeugnis auch das Wort „Angestellter" aufscheint, berechtigt.[58]
- Aus der Aussage in einem Dienstzeugnis, dass ein Arbeitnehmer als gewerberechtlicher Geschäftsführer tätig war und eigenverantwortlich für die Kalkulation und anderes zuständig gewesen ist, ergibt sich nicht eindeutig seine tatsächliche Einordnung als Arbeitnehmer im Betrieb und seine Weisungsgebundenheit. Der Begriff „**eigenverantwortlich**" ist missverständlich, wenn die Letztverantwortung für die Führung verschiedener Baustellen des Arbeitgebers bei Letzterem und nicht beim Arbeitnehmer lag. Insbesondere trifft das unternehmerische Risiko den Arbeitgeber, nicht aber den Arbeitnehmer.[59]

2. Wahrheitspflicht

Nach dem Prinzip der Wahrheitspflicht muss die Tätigkeit des Arbeitnehmers **objektiv richtig dargestellt** werden. Weder darf die Qualität der Tätigkeit des Arbeitnehmers herabgesetzt noch das Ausmaß seiner Verantwortung geschmälert

---

[55] ASG Wien 17.11.1995, 23 Cga 199/93i, ARD 4761/10/96.
[56] OLG Wien 23.11.1994, 31 Ra 177/94, ARD 4651/7/95, Handbuch zum Angestelltenrecht (ARD), § 39 RN 607.
[57] ASG Wien 14.3.1997, 31 Cga 13/96z, ARD 4880/33/97.
[58] ASG Wien, 21.6.2002, 9 Cga 62/02f, ARD 5372/4/2003.
[59] ASG Wien 21.10.1998, 3 Cga 55/98y, bestätigt durch OLG Wien 21.5.1999, 9 Ra 84/99k, ARD 5050/6/99.

werden. Auch die Ausstellung eines den Arbeitsleistungen des Arbeitnehmers nicht entsprechenden **„Gefälligkeitszeugnisses"** würde gegen die Wahrheitspflicht verstoßen.[60]

Im Rahmen der Wahrheitspflicht ist der Arbeitgeber zu objektiv richtigen Aussagen verpflichtet, insbesondere die Einstufung betreffend, weil der nachfolgende Arbeitgeber auf die Richtigkeit der Angaben im Dienstzeugnis vertraut.[61] In diesem Zusammenhang darf aber nicht übersehen werden, dass der Arbeitgeber überhaupt nicht verpflichtet ist, Aussagen über die Einstufung des Arbeitnehmers im Dienstzeugnis zu tätigen. Wenn er sich aber darüber äußert, so müssen seine Äußerungen aber richtig sein.

Ein Dienstzeugnis muss keinen Schlusssatz enthalten, indem das **Bedauern über das Ausscheiden** des Arbeitnehmers ausgedrückt wird. Eine Schlussformel darf nicht im Widerspruch zu dem vorangehenden Zeugnisinhalt stehen und diesen auch nicht relativieren. Bei einer Schlussformel handelt es sich nicht um einen notwendigen Bestandteil eines Dienstzeugnisses; demnach ist eine Schlussformel auch nicht einklagbar. Das Weglassen dieser Formulierung entwertet den übrigen Teil des Zeugnisses nicht.

Auch besteht keine Verpflichtung des Arbeitgebers, eine Formulierung aufzunehmen, wonach er dem Arbeitnehmer für die gute Zusammenarbeit dankt und ihm für die Zukunft alles Gute wünscht.[62]

3. Verbot nachteiliger Formulierungen

Unter dem Verbot nachteiliger Formulierungen versteht man ein **Erschwernisverbot**. Dem Arbeitgeber steht es zwar frei, das Zeugnis nach seinem Ermessen auf die Leistung und auf das Verhalten des Arbeitnehmers auszudehnen, also mit einem Werturteil zu versehen, allerdings muss die Formulierung für den Arbeitnehmer günstig sein. Die Formulierung darf nicht zwischen den Zeilen ein für den Arbeitnehmer negatives Gesamtbild durchblicken lassen.[63] Wenn ein Dienstzeugnis im Sinne eines Qualifikationszeugnisses dem Arbeitnehmer Fleiß und Ehrlichkeit und die Erledigung der ihm übertragenen Arbeiten zur Zufriedenheit bestätigt, so besteht allerdings auch kein Anspruch des Dienstnehmers auf ein darüber hinaus gehendes Dienstzeugnis.[64] Demnach darf der Arbeitgeber im Dienstzeugnis keine (direkten oder indirekten) Angaben machen, die objektiv ge-

---

[60] OGH 29.9.1999, 9 ObA 185/99t; *Reissner* in ZellKomm § 39 AngG Rz 28.
[61] OLG Wien 23.10.1998, 8 Ra 280/98z, ARD 5013/13/99.
[62] Bundesarbeitsgericht/BRD 20.2.2001, 9 AZR 44/00, ARD 5253/11/2001; Landesarbeitsgericht Berlin/BRD 10.12.1998, 10 Sa 106/98, ARD 5028/9/99.
[63] LG Linz 24.11.1994, 14 Cga 73/94f, ARD 4778/19/96.
[64] OLG Wien 11.12.1992, 32 Ra 135/92, Handbuch zum Angestelltenrecht (ARD), § 39 RN 606.

eignet sind, dem Arbeitnehmer die Erlangung einer neuen Arbeitsstelle zu erschweren.[65] Es hat daher jeder Zusatz in einem Dienstzeugnis, aus dem nicht objektiv, für jeden eindeutig ersichtlich ist, dass dieser Zusatz ausschließlich im Interesse des Arbeitnehmers eingefügt wurde bzw der als völlig wertneutral bezeichnet werden muss, zu unterbleiben.[66]

Von der Rechtsprechung wurden folgende Formulierungen für **unzulässig** erklärt:

- *„Der Arbeitnehmer war stets bemüht, den Anforderungen gerecht zu werden. Die Leistungen bewegten sich dabei durchaus im Rahmen seiner Fähigkeiten."* Es handelt sich um einen mehrdeutigen Zusatz, dessen Bedeutung nicht für jeden eindeutig ersichtlich ist.[67] Jede Person, die mit üblichen Formulierungen von Dienstzeugnissen, Dienstbeschreibungen oder Stellungnahmen über Arbeitnehmer vertraut ist, muss aus einem derartigen Passus nämlich schließen, dass der Arbeitgeber in diesem Fall mit den Leistungen des Arbeitnehmers nicht komplett zufrieden war.

- *„Der Arbeitnehmer hat die ihm übertragenen Arbeiten stets mit Sachkenntnis, Engagement und zur Zufriedenheit seiner Vorgesetzten erledigt und ist engagiert und sowohl bei Vorgesetzten als auch bei Mitarbeitern beliebt gewesen."* Diese Formulierung enthält keine Beschreibung des Inhalts der Tätigkeit des Arbeitnehmers und könnte daher von zukünftigen Arbeitgebern zu dessen Nachteil interpretiert werden, weswegen die Formulierung als unzulässig qualifiziert wurde.[68]

- Der Arbeitnehmer kann jede Formulierung, die seine Tätigkeit bewertet, aus dem Dienstzeugnis hinausreklamieren. Demnach wären auch Wendungen wie *„zur vollsten Zufriedenheit"* oder *„zur Zufriedenheit"* aus dem Dienstzeugnis zu streichen, wenn der Arbeitnehmer dies wünscht.[69] Allgemein dürfen Zusätze in das Dienstzeugnis nur aufgenommen werden, wenn dies vom Arbeitnehmer gewünscht wird. Ein Zusatz im Dienstzeugnis, aus dem nicht objektiv, für jeden eindeutig ersichtlich ist, dass dieser Zusatz ausschließlich im Interesse des Arbeitnehmers eingefügt wurde bzw der völlig wertungsneutral ist, hat daher zu unterbleiben. Besteht keine Willensübereinstimmung zwischen Arbeitgeber und Arbeitnehmer, sind „Differenzpunkte" und nicht den gesetzlichen Bestimmungen entsprechende, mehrdeutige Zusätze nicht im Dienstzeugnis zu vermerken.[70]

---

[65] OGH 8.3.2001, 8 ObA 217/00w.
[66] OLG 20.11.1992, 33 Ra 109/92, Handbuch zum Angestelltenrecht (ARD), § 39 RN 607.
[67] ASG Wien 23.1.1998, 20 Cga 141/97v, bestätigt durch OLG Wien 29.7.1998, 9 Ra 114/98w.
[68] ASG Wien 5.7.2002, 25 Cga 238/01d, ARD 5372/3/2003.
[69] ASG Wien 24.1.2001, 22 Cga 45/00y; ASG Wien 29.8.2000, 14 Cga 64/99d.
[70] OLG Wien 20.11.1992, 33 Ra 109/92, Handbuch zum Angestelltenrecht (ARD), § 39 RN 607.

- Unzulässig ist die Umschreibung von Mängeln mit schönen Worten; ebenso die Berufsbezeichnung „Buchhaltungshilfe" für einen Buchhalter, der nach Anweisung und unter Kontrolle eines Vorgesetzten kontiert. Sätze wie *„In der Zeit seiner Anwesenheit konnte Herr X seine Kenntnisse im Rechnungswesen erweitern und war bemüht, die ihm übertragenen Arbeiten zu unserer Zufriedenheit zu erledigen"* sind unzulässig, weil eindeutig nachteilig. Dass der Arbeitnehmer seine Kenntnisse erweitern konnte, kann nur dahingehend interpretiert werden, dass mangelhafte Kenntnisse vorhanden waren. Die Diktion, dass ein Arbeitnehmer bemüht gewesen sei, ihm übertragene Arbeiten zur Zufriedenheit zu erledigen, lässt nur die Interpretation zu, dass es dem Arbeitnehmer nicht leicht gefallen ist, zur Zufriedenheit zu arbeiten. Die Berufsbezeichnung Buchhaltungshilfe ist in der Berufspraxis nicht üblich. Üblich ist die Bezeichnung als „Buchhalter" oder „Buchhaltungskraft".[71]

- Die Wendung, der Arbeitnehmer *„war stets bemüht, die ihm übertragenen Arbeiten zu unserer Zufriedenheit zu erledigen"* wird von Arbeitgebern im Allgemeinen dahingehend interpretiert, dass die Arbeit des Arbeitnehmers wohl von einem Bemühen, nicht aber von einem hinreichenden Erfolg gekennzeichnet war. Es handelt sich somit um eine Anmerkung, die geeignet ist, eine neue Anstellung zu erschweren, weshalb sie unzulässig ist und der Arbeitgeber ein neues Dienstzeugnis ausstellen muss.[72]

- Die Wendungen, dass sich der Arbeitnehmer stets bemüht habe, die Arbeiten zur Zufriedenheit des Arbeitgebers zu bewältigen, und das Unternehmen völlig überraschend auf eigenen Wunsch verlassen habe, sind geeignet, dem Arbeitnehmer die Erlangung eines neuen Arbeitsplatzes zu erschweren, und sind daher unzulässig[73].

- Die Formulierung *„Sie haben in dieser Zeit unter Aufsicht die Ablage und Aufbuchung der jeweiligen Klienten durchgeführt und waren zuletzt in der Lage, diese Arbeiten weitgehend selbstständig zu erledigen, sodass die zuständige Sachbearbeiterin (doch) in einem wesentlichen Umfang entlastet worden war"* ist geeignet, dem Arbeitnehmer die Erlangung einer neuen Arbeitsstelle zu erschweren. Durch die Formulierung entsteht nämlich für einen neuen Arbeitgeber der Eindruck, dass der Arbeitnehmer nicht wirklich selbständig arbeiten kann.[74]

---

[71] ASG Wien 3.2.1995, 23 Cga 36/94w, Handbuch zum Angestelltenrecht (ARD), § 39 RN 608.
[72] OLG Wien 6.11.2002, 8 Ra 312/02i in Bestätigung von ASG Wien 15.5.2002, 25 Cga 119/01d, ARD 5372/2/2003.
[73] OLG Wien 24.4.2002, 9 Ra 115/02a, ARD 5372/1/2003.
[74] ASG Wien 10.2.1997, 29 Cga 78/96v, ARD 4833/20/97.

- Aus der Formulierung „*korrekte Einhaltung von Dienstzeiten*" sowie „*sehr schnelle Erledigung übertragener Aufgaben*" könnte auch abgeleitet werden, dass der Arbeitnehmer durch korrekte Einhaltung von Dienstzeiten seine mangelnde Bereitschaft zur Erbringung allfälliger Mehrarbeit gezeigt hat. Weiters kann eine *sehr schnelle Erledigung von Arbeiten* nicht nur ein positives, sondern auch ein negatives Bewertungselement beinhalten. Daher wurde der Passus als unzulässig qualifiziert und musste gestrichen werden.[75]
- Der Arbeitnehmer ist „*ohne nennenswerte Unterbrechungen*" beschäftigt gewesen und hat die ihm übertragenen Aufgaben „*wie aufgetragen ausgeführt*" – diese Formulierungen sind geeignet, den Arbeitnehmer in seinem beruflichen Weiterkommen zu behindern.[76]
- Nicht gestattet ist die Bemerkung, dass das Dienstverhältnis wegen Kränklichkeit des Dienstnehmers aufgelöst wurde.[77]
- Die Mitgliedschaft oder Aktivitäten in der Gewerkschaft dürfen genauso wenig erwähnt werden wie eine Tätigkeit als (freigestelltes) Betriebsratsmitglied.[78]

In der **älteren Rechtsprechung** wurden folgende Eintragungen in Dienstzeugnissen als unzulässig beurteilt:

- Vorwürfe oder Angaben über die Ursache der Lösung des Arbeitsverhältnisses, wie insbesondere „*ohne Kündigung entlassen*" oder „*wegen Krankheit entlassen*".[79]
- Bemerkungen über Krankenstände und den Gesundheitszustand des Arbeitgebers sowie sonstige Unterbrechungen des Arbeitsverhältnisses.[80]
- Feststellungen über die Rentabilität der Arbeitsleistung des Arbeitnehmers oder sonstige abfällige Bemerkungen über die Leistungsfähigkeit des Arbeitnehmers.[81]
- Die Aufnahme einer Tätigkeitsbezeichnung, die zwar der Art der geleisteten Arbeit entspricht, aber geeignet ist, die Erlangung einer neuen Stelle zu erschweren.[82]

---

[75] ASG Wien 30.6.2000, 13 Cga 65/00y, ARD 5236/7/2001.
[76] ASG Wien 19.4.1995, 27 Cga 41/95m, Handbuch zum Angestelltenrecht (ARD), § 39 RN 608.
[77] OGH 20.2.1912 Fuchs 47, zitiert in *Martinek-Schwarz-Schwarz*, AngG, § 39 Erl 11.
[78] *Reissner* in ZellKomm § 39 AngG Rz 32.
[79] LG Graz 31.12.1900, GGSlg 341, zitiert in *Martinek-Schwarz-Schwarz*, AngG, § 39 Erl 11 mwN.
[80] OGH 6.4.1954, Arb 5958; 20.2.1912, Fuchs 47, zitiert in *Martinek-Schwarz-Schwarz*, AngG, § 39 Erl 11 mwN.
[81] AG Wien 15.7.1957, zitiert in *Martinek-Schwarz-Schwarz*, AngG, § 39 Erl 11 mwN.
[82] KG St Pölten 13.11.1924, Arb 3363, zitiert in *Martinek-Schwarz-Schwarz*, AngG, § 39 Erl 11 mwN.

- Die Bemerkung, dass die Reisen des Dienstnehmers „*unrentabel geworden sind*" im Zeugnis eines Reisenden.[83]
- Das Erstellen eines Dienstzeugnisses in einer gewissen Schriftfarbe, um auf die politische Haltung des Arbeitnehmers aufmerksam zu machen.[84]
- Angaben über die Einstufung in eine bestimmte Verwendungsgruppe bzw über Verwendungsgruppenjahre.[85]

Als **zulässig** wurden von der Rechtsprechung folgende Formulierungen anerkannt:

- „*Seine Aufgabe war im Wesentlichen die Entgegennahme von telefonischen Bestellungen, die nachfolgende Auftragsabwicklung und Fakturierung*". Der Arbeitgeber hat die ausgeübten Tätigkeiten in üblicher Weise bezeichnet und die in der Stellenbeschreibung angeführten Tätigkeiten in Grundzügen erfasst. Die Einforderung eines Dienstzeugnisses durch den Arbeitnehmer, das eine minutiöse Aufstellung jeglicher vom Arbeitnehmer im Dienstverhältnis jemals verrichteten Tätigkeiten enthält, stellt sich als schikanöse Rechtsausübung dar. Eine derartig genaue Beschreibung würde den Charakter einer Stellenbeschreibung und nicht eines Dienstzeugnisses tragen.[86]
- Übertriebene Differenzierungen im konkreten Tätigkeitsbild dürfen vom Arbeitnehmer nicht gefordert werden. Wird beispielsweise der Terminus **„Hauptkassierer"** brachenüblich nicht mit dem Aufgabenbereich des Arbeitnehmers assoziiert und existiert dieser Terminus auch unternehmensintern nicht für die ausgeübte Tätigkeit, darf er auch im Dienstzeugnis keine Verwendung finden, weil durch dieses Wort Assoziationen geweckt werden könnten, die sich mit dem Aufgabenbereich des Arbeitnehmers nicht decken (zB eine hierarchische Überordnung des Arbeitnehmers über die sonstigen Kassierkräfte).[87]
- Wenn die Tätigkeit eines **„Baumarktleiters"** neben der Verkaufstätigkeit auch den Einkauf und die Aufsicht für das Warenlager, Verhandlungen mit Lieferanten und Kundenbesuche umfasste, ist die Bezeichnung „Filialleiter" für diesen Tätigkeitsbereich im Dienstzeugnis zutreffend.[88]

---

[83] OGH 8.3.1905, Glunf 2980, zitiert in *Martinek-Schwarz-Schwarz,* AngG, § 39 Erl 11 mwN.
[84] KG Leitmeritz 21.3.1903, GGSlg 791, zitiert in *Martinek-Schwarz-Schwarz,* AngG, § 39 Erl 11 mwN.
[85] AG Wien 5.2.1975, zitiert in *Martinek-Schwarz-Schwarz,* AngG, § 39 Erl 11 mwN.
[86] ASG Wien 13.12.2001, 4 Cga 190/01s, ARD 5372/6/2003.
[87] ASG Wien 18.9.2000, 32 Cga 51/00d, ARD 5236/6/2001.
[88] ASG Wien 26.11.1997, 28 Cga 218/96z, ARD 4974/6/98.

E. Sonstige Fragen

1. Verzicht

Gemäß § 40 AngG darf unter anderem der Anspruch des Arbeitnehmers auf Ausstellung eines Dienstzeugnisses durch Dienstvertrag weder aufgehoben noch beschränkt werden. Ein Verzicht auf die Ausstellung eines Dienstzeugnisses ist trotz dieser grundsätzlichen Unabdingbarkeit des Anspruchs allerdings wirksam, wenn das Dienstverhältnis **bereits beendet** ist und auch **kein wirtschaftlicher Druck** für den Arbeitnehmer mehr vorliegt. Kein wirtschaftlicher Druck liegt beispielsweise vor, wenn der Arbeitnehmer aufgrund seines eigenen unberechtigten vorzeitigen Austritts alle noch offenen Entgeltansprüche verloren hat.[89]

Grundsätzlich gelten zum Verzicht auf den Anspruch auf Aufstellung eines Dienstzeugnisses die allgemeinen Regelungen über den Verzicht unabdingbarer Ansprüche im Dienstverhältnis. Demnach kann ein Arbeitnehmer auf unabdingbare Ansprüche immer dann verzichten, wenn das Dienstverhältnis bereits beendet ist und sich der Arbeitnehmer daher nicht mehr in einer wirtschaftlichen Drucksituation befindet. Beispielsweise wurde der Verzicht auf ein Dienstzeugnis in einem Generalvergleich, der 1,5 Jahre nach Beendigung des Arbeitsverhältnisses geschlossen wurde, als zulässig beurteilt.[90]

2. Kosten des Dienstzeugnisses

Die Kosten für die Ausfertigung des **Endzeugnisses** trägt der Arbeitgeber. Die Kosten für die Ausstellung eines **Zwischenzeugnisses** hat hingegen der Arbeitnehmer zu tragen. Bei der Ausstellung eines Endzeugnisses hat der Arbeitgeber sohin den gesamten Sachaufwand (Papier und Druckkosten) und Personalkosten zu übernehmen. Eine Überwälzung dieser Kosten auf den Arbeitnehmer ist unzulässig[91]. Wie bereits ausgeführt, hat der Arbeitnehmer allerdings die Kosten der Ausstellung eines Duplikats des Dienstzeugnisses zu tragen, wenn das Dienstzeugnis bereits an ihn übergeben wurde oder er die Gefahr eines Verlusts zu tragen hat (zB bei Übersendung des Dienstzeugnisses).

---

[89] ASG Wien 8.10.1998, 30 Cga 93/98k, ARD 5009/34/99.
[90] OGH 29.6.2005, 9 ObA 10/05v.
[91] *Reissner* in ZellKomm § 39 AngG Rz 19.

3. Durchsetzung des Rechtsanspruchs

Der Arbeitnehmer hat einen Rechtsanspruch auf Ausstellung eines Dienstzeugnisses. Diesen Anspruch kann er mittels **Klage** gemäß § 50 Abs 1 ASGG beim zuständigen Arbeits- und Sozialgericht durchsetzen. Den Beweis der Mangelhaftigkeit des Zeugnisses hat der Arbeitnehmer zu erbringen.[92]

Das Klagebegehren muss **ausreichend präzisiert** sein. Es genügt nicht ein Begehren auf Ausstellung eines dem Gesetz entsprechenden Zeugnisses, etwa auf *„Ausstellung eines Arbeitszeugnisses iS des § 39 AngG"*.[93] Wenn zwischen Arbeitgeber und Arbeitnehmer keine Einigkeit über Dauer und Art der Dienstleistung besteht, so muss der Arbeitnehmer sein Begehren auf Ausstellung eines Dienstzeugnisses konkretisieren.[94] Eine Konkretisierung ist insbesondere dann erforderlich, wenn unterschiedliche Meinungen darüber bestehen, bis zu welchem Tag das Dienstverhältnis tatsächlich gedauert hat.[95]

Das Gericht bestimmt in seinem Urteil, welchen Wortlaut das Zeugnis (nach seinen Feststellungen) zu haben hat. Dies muss nicht unbedingt mit dem Begehren des klagenden Arbeitnehmers übereinstimmen. Darin ist keine Verletzung der Vorschrift des § 405 ZPO durch das Gericht gelegen, wonach das Gericht nicht befugt ist, einer Partei etwas zuzusprechen, was sie nicht beantragt hat.[96]

Das Dienstzeugnis zählt zu den Arbeitspapieren, die dem Arbeitnehmer bei Auflösung des Arbeitsverhältnisses auszufolgen sind. Demnach kann das stattgebende Urteil 1. Instanz gemäß § 61 Abs 1 Z 3 ASGG **vorläufig vollstreckt** werden (dh der Arbeitgeber hat das Dienstzeugnis in der Fassung des Urteils 1. Instanz auszustellen, auch wenn er Berufung gegen das Urteil erhoben hat).

Da der Arbeitnehmer Anspruch auf Ausstellung eines Zeugnisses *in natura* hat, kann ein Urteil, mit dem der Arbeitgeber verpflichtet wird, ein dem Urteil entsprechendes Dienstzeugnis auszustellen, in einem derartigen Fall ausnahmsweise nicht gemäß § 367 EO die Abgabe der Willenserklärung ersetzen. § 367 EO bestimmt nämlich, dass ein Urteil eine entsprechende Willenserklärung des Schuldners ersetzen kann. Die Vorlage eines klagsstattgebenden Urteils bei einem neuen potentiellen Arbeitgeber wäre allerdings erst recht geeignet, die Erlangung eines neuen Dienstpostens für den Arbeitnehmer zu erschweren. Die Vorlage eines Urteils lässt nämlich nur den Schluss zu, dass sich der Arbeitgeber geweigert hat, ein solches Dienstzeugnis auszustellen. Dies könnte den neuen Arbeitgeber allerdings abschrecken, den Arbeitnehmer zu beschäftigen. Kommt der ehemalige Arbeitgeber trotz rechtskräftiger Verurteilung der Verpflichtung zur Ausstellung des Dienstzeugnisses in der ihm aufgetragenen Form nicht frei-

---

[92] *Reissner* in ZellKomm § 39 AngG Rz 12.
[93] OGH 13.1.1988, 9 ObA 172/87, ARD 3958/10/88.
[94] OGH 23.8.1995, 9 ObA 93/95; OGH 28.6.1989, 9 ObA 155/89, Arb 10.812.
[95] OLG Wien 2.2.2000, 8 Ra 12/00v, ARD 5147/4/2000.
[96] OGH 13.9.1989, 9 ObA 197/89.

willig nach, so ist das Urteil sohin nicht gemäß § 367 EO, sondern gemäß § 354 EO durch Geldstrafe und **Haft** zu vollstrecken.[97]

Der Arbeitnehmer kann seinen Anspruch auf Ausstellung eines Dienstzeugnisses – mangels gesetzlicher Sonderregelung – binnen **30 Jahren** nach Beendigung des Dienstverhältnisses einfordern. Es gilt sohin die allgemeine Verjährungsfrist des § 1478 ABGB.[98]

Hat der Arbeitgeber die ihn treffende Pflicht zur Zeugniserteilung schuldhaft verletzt, kann der Arbeitnehmer neben dem Erfüllungsanspruch auch **Schadenersatz** geltend machen. Diese Verpflichtung ergibt sich aus den allgemeinen Schadenersatzgrundsätzen des bürgerlichen Rechts. Insbesondere wurde die Schadenersatzverpflichtung des Arbeitgebers von der Rechtsprechung bei Nichterfüllung der Zeugnispflicht (also bei Verweigerung der Zeugnisausstellung durch den Arbeitgeber) anerkannt.[99] Beispielsweise wurde einem Arbeitnehmer der Ersatz des Verdienstentganges zugesprochen, weil ihm in Folge der Unterlassung der Ausstellung eines Dienstzeugnisses ein neuer Posten entging.[100]

4. Auskunft des Arbeitgebers gegenüber Dritten

Häufig verlangen Unternehmen nicht nur Dienstzeugnisse von vorherigen Arbeitgebern, sondern informieren sich auch noch persönlich bei Vordienstgebern über die Tätigkeit und Fähigkeiten von Arbeitnehmern. Zu dieser allgemein gängigen Praxis ist festzuhalten, dass Arbeitgeber darauf achten müssen, berechtigte Interessen des Arbeitnehmers zu wahren. Jedenfalls haftet ein Arbeitgeber gegenüber dem früheren Arbeitnehmer, wenn er schuldhaft und wahrheitswidrig **ungünstige Auskünfte** erteilt oder ohne Grund eine Auskunft verweigert oder unter Verletzung der Interessenlage gegen Treu und Glauben verstößt.[101]

Der Arbeitgeber hat jedenfalls eine **Interessenabwägung** vorzunehmen, ob er im Sinne der fortwirkenden Fürsorgepflicht dem Arbeitnehmer durch die erteilten Auskünfte schadet. Der Arbeitgeber ist allerdings auch nicht verpflichtet, „für den Arbeitnehmer zu lügen", das heißt wahrheitswidrig positive Aussagen über den Arbeitnehmer zu machen.

---

[97] OGH 8.3.2001, 8 ObA 217/00w; Anmerkung von *Adamovich* zu OGH 8.3.2001, 8 ObA 217/00w, ARD 5236/3/2001.
[98] OGH 8.3.2001, 8 ObA 217/00w.
[99] *Martinek-Schwarz-Schwarz*, AngG, § 39, Erl 14 mwN.
[100] ASG Wien 21.3.2000, 30 Cga 155/98b, bestätigt durch OLG Wien 13.10.2000, 8 Ra 196/00b.
[101] *Martinek-Schwarz-Schwarz*, AngG, § 39, Erl 18.

5. Dienstzeugnisse im Konkurs des Arbeitgebers

Da es sich beim Anspruch auf Ausstellung eines Dienstzeugnisses nicht um eine Willenserklärung, sondern um eine **Wissenserklärung** handelt, bleibt dieser Anspruch durch die Konkurseröffnung über das Vermögen des Arbeitgebers unberührt. Dies bedeutet, dass er nicht durch die Bestimmungen des IESG abgesichert ist[102] und überdies der Gemeinschuldner selbst zur Ausfertigung von Dienstzeugnissen befugt bleibt (und nicht der Masseverwalter).[103]

6. Zusammenfassung

Aus rechtlicher Sicht haben Dienstzeugnisse in Österreich bei Weitem nicht die Bedeutung wie beispielsweise in Deutschland. Dies ergibt sich aus der Tatsache, dass Arbeitnehmer in Österreich keinen Anspruch auf ein qualifiziertes Dienstzeugnis, sondern lediglich auf ein einfaches Dienstzeugnis haben. Dennoch darf die Bedeutung des Dienstzeugnisses in der österreichischen Praxis nicht gänzlich übersehen werden, weil viele Unternehmen Dienstzeugnisse und deren konkrete Formulierungen als wertvollen Hinweis über die Tätigkeit und den Charakter von Arbeitnehmern heranziehen.

Umso wichtiger ist daher einerseits das Verbot nachteiliger Formulierungen in Dienstzeugnissen, allerdings auch so genannte „verdeckte Formulierungen". Darunter versteht man scheinbar neutrale Formulierungen, hinter denen sich aber – bei entsprechender Kenntnis dieser „Geheimsprache" – eindeutige Wertungen der Tätigkeit und des Charakters des Arbeitnehmers verbergen. Derartige Verschlüsselungen geben geschulten Personalisten Auskunft über Kenntnisse und/oder Charakter des Arbeitnehmers und können geeignet sein, den Arbeitnehmer in seinem Fortkommen zu schaden.

Selbstverständlich hat jeder Arbeitnehmer Anspruch auf Streichung derartiger Formulierungen aus dem Dienstzeugnis. Oftmals ist dem Arbeitnehmer allerdings nicht bekannt, welche Aussage sich hinter einer Formulierung tatsächlich verbirgt.

Diesen Formulierungen widmet sich der zweite Teil des Buches.

---

[102] OGH 8.3.2001, 8 ObA 217/00w.
[103] *Reissner* in ZellKomm § 39 AngG Rz 9.

Teil II

Gabriele Cerwinka/Gabriele Schranz

Einleitung
Woran erkennt man ein gutes Dienstzeugnis?

1. Liegt es am Umfang?

Ein Dienstzeugnis sollte nicht mehr als zwei Seiten lang sein, optimal ist eine aussagekräftige Seite, die rasch zu überblicken ist. Ein zu kurz erscheinendes Zeugnis vermittelt den Eindruck, dass über diesen Mitarbeiter nicht viel Positives zu sagen ist. Dreiseitige Zeugnisse kommen äußerst selten vor.

2. Liegt es am Inhalt?

Ein gutes Dienstzeugnis enthält aussagekräftige Passagen und ein ausgewogenes Verhältnis zwischen Tätigkeitsbeschreibung und Leistungsbeurteilung.

Das Dienstzeugnis dient insgesamt als Information über Qualifikation und Leistung, es gibt Auskunft über die Ausbildung, die Weiterbildung und den derzeitigen Status quo der beruflichen Tätigkeit.

3. Liegt es am Informationswert?

Vielfach wird der Informationswert von qualifzierten Dienstzeugnissen angezweifelt, oft werden diese als untauglich für eine Eignungsdiagnose eines potenziellen neuen Mitarbeiters bezeichnet. Aus unserer Sicht und täglichen Praxis streben Arbeitgeber eine differenzierte Zeugnisausstellung an.

In den meisten Fällen liefert eine profunde Analyse einige Anhaltspunkte und Signale, die für oder gegen die weitere Beachtung der Bewerbungsunterlagen sprechen. Und in weiterer Folge sollte ein aussagekräftiges Dienstzeugnis für die konkrete Einladung zu Bewerbungsgesprächen bzw zur Bewerberauswahl einer sachlichen Informationsgewinnung durch Textauswertung dienen. Der Informationswert eines Dienstzeugnisses variiert sicher für den einzelnen Leser auch mit dem Grad seiner Kenntnis der beschriebenen Funktion und Branche sowie der Zeugnistechnik und -sprache.

In diesem Sinn will Sie der zweite Teil dieses Buches unterstützen, ein aussagekräftiges und richtiges Dienstzeugnis zu verfassen.

A. Zeugnisformen

Je nach Inhalt, Anlass und Zeitpunkt lassen sich folgende Zeugnisarten unterscheiden:

1. Das einfache Zeugnis

gibt Art und Dauer der Beschäftigung an:
- Name, Vorname, Titel des Arbeitnehmers (= AN)
- Geburtsname, Geburtsdatum, Geburtsort (auf Wunsch des AN)
- Beginn und Ende des Arbeitsverhältnisses (exakt angeben)
- Genaue Tätigkeitsbeschreibung, Leitungs- und Vertretungsbefugnisse
- Schlussformulierung (fakultativ, es besteht darauf kein Rechtsanspruch nach österreichischem Recht)
- Firma, Ort, Datum und Unterschrift

> **Anmerkung:**
> Das Geburtsdatum darf nur im Einvernehmen mit dem Arbeitnehmer ins Zeugnis aufgenommen werden. Die Angabe des Geburtsortes ist nicht zwingend erforderlich. Beginn und Ende des Dienstverhältnisses sind exakt anzugeben.

2. Das qualifizierte Zeugnis

enthält in der Regel neben den oben angeführten Inhalten zusätzliche Angaben zur Leistung bzw. zum Verhalten des AN und kann auf besonderen Wunsch des AN ausgestellt werden:
- Name, Vorname, Titel des AN
- Persönliche Anschrift nur auf Wunsch des AN
- Geburtsname, Geburtsdatum, Geburtsort (auf Wunsch des AN)
- Beginn und Ende des Arbeitsverhältnisses (exakt angeben)
- Genaue Tätigkeitsbeschreibung, Leitungs- und Vertretungsbefugnisse
- Sonderaufgaben und Projekte
- Teilnahme an Fortbildungsveranstaltungen
- Besondere Kenntnisse und Fähigkeiten
- Beurteilung der Arbeitsleistung

- Beurteilung des sozialen Verhaltens
- Führungsverhalten und Führungsqualitäten
- Schlussformulierung
- Firma, Ort, Datum und Unterschrift

> **Anmerkung:**
> Auch hier ist das Geburtsdatum nur im Einvernehmen mit dem Arbeitnehmer ins Zeugnis aufzunehmen. Die Angabe des Geburtsortes ist nicht zwingend erforderlich. Beginn und Ende des Dienstverhältnisses sind exakt anzugeben.

3. Das Zwischen- oder Interimszeugnis

wird vor der rechtlichen Beendigung des Arbeitsverhältnisses ausgestellt, der AN kann es auch ohne Angabe von Gründen verlangen (siehe auch Seite 15).

Folgender Unterschied zum Endzeugnis besteht:
- Verwendung der Zeitform Gegenwart
- Kein Beendigungsdatum
- Der Arbeitgeber ist an die Formulierungen des Zwischenzeugnisses weitgehend gebunden, dh, das Endzeugnis darf nicht grundlos von der grundsätzlichen Bewertung abweichen.
- Der Grund für die Ausstellung des Zwischenzeugnisses muss in Österreich nicht angegeben werden.

4. Das Endzeugnis

kann neben den schon angeführten Bestandteilen eine „berufsfördernde" Schlussformulierung (zusammenfassende Bewertung) enthalten, die von jener des Zwischenzeugnisses abweichen kann (siehe auch Seite 15). Der Begriff „Endzeugnis" wird im österreichischen Recht nicht verwendet.

5. Das Ausbildungszeugnis

enthält neben Angaben zur Person, die Dauer und das Ziel der Ausbildung, neben sämtlichen Stationen und Abteilungen, die bereits durchlaufen wurden, eine Beschreibung des Ausbildungsverlaufes. Besser ist es hier, ein qualifiziertes Ausbildungszeugnis zu schreiben, um dem Arbeitnehmer die Jobsuche zu erleichtern.

6. Das Lehrzeugnis

stellt eine besondere Form des Zeugnisses für einen Lehrling dar, zum Beispiel nach Beendigung des Lehrverhältnisses. Es enthält eine ausführliche Beschreibung der Fähigkeiten und Kenntnisse, die sich der Lehrling während seiner Lehrzeit in dem Unternehmen angeeignet hat.

Das Besondere dabei ist das exakte Anführen der Stationen während der Lehre ebenso wie den dort erworbenen Fähigkeiten. Sollten bloß die einzelnen Ausbildungsstationen mit den entsprechenden Kenntnissen angeführt sein, hat das Lehrzeugnis den Charakter eines einfachen Zeugnisses. Enthält das Lehrzeugnis jedoch auch eine Form der Bewertung des Verhaltens und der Leistung, bzw wird das vom ehemaligen Lehrling verlangt, nimmt es den Charakter eines qualifizierten Lehrzeugnisses an.

7. Wie soll ein Dienstzeugnis grundsätzlich aussehen?

Ein Dienstzeugnis dient als Visitenkarte sowohl für den Arbeitnehmer als auch für den Arbeitgeber, daher soll jedes Zeugnis

- auf einem Firmenbriefpapier geschrieben werden (wobei das Anschriftenfeld nicht ausgefüllt wird),
- eine Überschrift enthalten,
- maschinschriftlich auf DIN-A4-Bogen abgefasst sein,
- möglichst in ungefaltetem Zustand übergeben werden,
- ohne Ausrufungszeichen, Fragezeichen, Anführungszeichen, Unterstreichungen oder Hervorhebungen im Text durch Fettschrift,
- ohne Schreibfehler und
- unter Einhaltung der ÖNORM A 1080

abgefasst sein (siehe Seite 13).

Das Verfassen und Versenden des Dienstzeugnisses in elektronischer Form ist unzulässig.

Da Zeugnisse auf das charakteristische Gesamtbild und nicht auf atypische Einzelvorkommnisse auszurichten sind, gehören „verjährte" Verhaltensmängel nicht ins Zeugnis (Amnestiegedanke).

Checkliste: Äußere Form und Formaleindruck

1. Ist der Gesamteindruck ansprechend?	☐
2. Originalbriefpapier der Firma mit Firmenbriefkopf	☐

3. Umfang des Zeugnisses maximal zwei Seiten
    10 % Einleitung
    45 % Positions- und Tätigkeitsbeschreibung
    25 % Leistungsbeurteilung
    10 % Verhaltensbeurteilung
    10 % Beendigungsformeln
	☐

4. Enthält das Zeugnis das korrekte Ausstellungsdatum?	☐
5. Keine Verschmutzungen, Eselsohren etc	☐
6. Werden Abkürzungen erläutert?	☐
7. Enthält das Zeugnis keine Rechtschreib- und Tippfehler?	☐
8. Wurden Namen und Titel des Arbeitnehmers richtig geschrieben, ebenso die persönlichen Daten?	☐
9. Werden im Textfluss Brüche oder Ungereimtheiten vermieden, die auf eine nachträgliche Änderung des Zeugnisses hinweisen?	☐
10. Wirkt das Dienstzeugnis „aus einem Guss" geschrieben, dh gleiche Schrifttypen oder -größen?	☐
11. Wurde das Dienstzeugnis unterschrieben?	☐

B. Gliederungsschema des qualifizierten Dienstzeugnisses

Achten Sie beim Verfassen von Dienstzeugnissen auf eine strukturierte Gliederung, wobei die Beurteilungskriterien wie ein roter Faden sichtbar sein sollen:

I. **Überschrift und Einleitung (persönlicher Teil)**
   Titel, Vorname, Name, Geburtsdatum (eventuell -ort)
   Tätigkeitsbezeichnung
   Beschäftigungsdauer

II. **Positions- und Tätigkeitsbeschreibung**
   Aufgabenschwerpunkte, Sonderaufgaben, Projekte
   Hierarchische Position, Berichtspflichten etc
   Vollmachten, Kompetenzen, Verantwortung
   Ggf eingesetzte Software bzw Fremdsprachen
   Ggf Fortbildungsmaßnahmen

III. **Leistungsbeurteilung**
   Fachliche Qualifikation, Fachwissen
   Fähigkeiten und Fertigkeiten
   Arbeitsweise, Arbeitsbereitschaft, Arbeitsgüte
   Verhandlungsgeschick, Belastbarkeit
   Mitarbeiterführung (bei Führungskräften)
   Zufriedenheitsformel/Gesamtbenotung

IV. **Verhaltensbeurteilung/Führung im Dienst**
   Internes und externes Verhalten
   Verantwortungsbereitschaft
   Persönlichkeit und Sozialkompetenz

V. **Schlussformulierungen**
   Austritt aus dem Unternehmen/Kündigungsinitiative und
   auf Wunsch Kündigungsgrund
   Dank und Bedauern
   Zukunftswünsche

VI. **Ort, Datum, Unterschrift des Verantwortlichen**

B. Gliederungsschema des qualifizierten Dienstzeugnisses

Als **Überschrift** können die Bezeichnungen Dienstzeugnis, Arbeitszeugnis, Zeugnis bzw Zwischenzeugnis gewählt werden. Aus Gründen der klaren Unterscheidung sind Bezeichnungen wie Mitarbeiterbeurteilung oder Dienstbeurteilung bzw Arbeitsbescheinigung etc zu vermeiden.

Die **Einleitung** eines Dienstzeugnisses enthält üblicherweise Vor- und Zuname des Dienstnehmers sowie – dessen Einverständnis vorausgesetzt – sein Geburtsdatum, den Geburtsort und allfällige weitere Namen. Darüber hinaus ist es empfehlenswert, die Tätigkeitsbezeichnung anzuführen.

Weiters sind in der Einleitung das korrekte Eintritts- und Austrittsdatum und damit die Beschäftigungsdauer anzuführen, die dem Arbeitsvertrag entsprechen soll. Bei einem sogenannten „krummen Datum" (zB 6. September) steht meist die Frage nach einer fristlosen Beendigung oder einer Freistellung im Raum. Daher ist es im Sinne des AN, ein „gerades Datum" (zB 15. 3.) zu vereinbaren. Liegt eine einvernehmliche Auflösung vor, empfehlen wir, die Begründung dafür im Dienstzeugnis anzuführen (mit der Zustimmung des AN) – so zum Beispiel, dass der Mitarbeiter bei der nächsten Firma früher zu arbeiten beginnen wollte (siehe dazu auch Seite 22).

Bei Betriebsübergängen werden das Eintrittsunternehmen, der Zeitpunkt des Betriebsüberganges und der neue Arbeitgeber, auf dessen Geschäftspapier das Dienstzeugnis ausgestellt wird, genannt.

Die **Positions- oder Tätigkeitsbeschreibung** ist ein Kernstück des Dienstzeugnisses und sollte daher möglichst aussagekräftig und umfassend formuliert sein (siehe Beispiele unter Schritt 3).

Die notwendige Ausführlichkeit der Beschreibung hängt von der Position, der Qualität der Aufgaben und der Dauer der Aufgabenerfüllung ab. Wichtig sind auch Angaben zum Verantwortungsumfang und zu Vollmachten bzw Kompetenzen.

> **Tipp:**
> Je verantwortungsvoller die Tätigkeit war, desto ausführlicher muss sie auch beschrieben werden. Wurden eine Vielzahl von Arbeiten ausgeführt, ist es sinnvoll, sie in einer tabellarischen Übersicht anzuführen, um sie rasch erfassbar zu machen.

Führen Sie die Positions- und Tätigkeitsbeschreibung nach dem Prinzip Wichtiges vor Unwichtigem an, dh, dass die wichtigste Tätigkeit für diese Berufsbezeichnung als Erste angeführt werden sollte und etwa Terminvorbereitung oder Dateneingabe als letzte Punkte rangieren sollten.

Bei der Tätigkeitsbeschreibung sollen die branchenüblichen Bezeichnungen verwendet werden. Wenn die Bezeichnung der Position ein Fachbegriff in englischer Sprache ist, ist es empfehlenswert, in Klammer erklärende Zusätze in deutscher Sprache anzubringen.

Sollte der Mitarbeiter verschiedene Tätigkeiten in dem Unternehmen ausgeübt haben, müssen alle Tätigkeiten aufgezählt und die letzte ausführlicher beschrieben werden. Die Beurteilung der Leistung bezieht sich dann auf alle Tätigkeiten.

Die **Leistungsbeurteilung** enthält sämtliche Beurteilungen der Kenntnisse und Fähigkeiten zur Erfüllung der Aufgaben ebenso wie die sogenannte Zufriedenheitsformel (zB zu unserer vollsten Zufriedenheit).

Wann wird bei der Leistungsbeurteilung ein „Sehr gut" vergeben? Ähnlich wie beim Schulnotensystem beurteilen Sie dann mit einem „Sehr gut", wenn der Mitarbeiter seine Leistung ohne jede Einschränkung, ohne jeden Tadel sowie mit besonderen zusätzlichen Leistungen erbracht hat – so hat er zum Beispiel eine besondere Projektidee erfolgreich umgesetzt oder Aufgaben sehr rasch und zügig umgesetzt.

Bei Mitarbeitern, die Zugang zu Betriebs- und Geschäftsgeheimnissen und zu vertraulichen Informationen haben (zB Entwickler, Bilanzbuchhalter, Assistenten, Personalsachbearbeiter), sollte ihre Vertrauenswürdigkeit, Integrität oder Diskretion erwähnt werden: „Frau XY bearbeitete als Vorstandsassistentin laufend vertrauliche Vorgänge mit absoluter Diskretion."

Das **Sozialverhalten** ist in einem guten Dienstzeugnis ebenfalls zu bewerten und kann auch unter der Rubrik „Persönliche Führung" gesehen werden. Hier gibt der Arbeitgeber ein umfassendes bzw zusammenfassendes Bild über Eigenschaften des Dienstnehmers und sein gesamtes betriebliches Verhalten ab.

Gerade im Rahmen des Sozialverhaltens wird ein eventuelles Fehlverhalten des Mitarbeiters zu erwähnen sein. Da in einem Dienstzeugnis negative Aussagen zu vermeiden sind, kann hier durch die Anwendung der Leerstellen- oder Auslassungstechnik bzw durch differenzierte Formulierungen ein entsprechendes Verhalten ausgedrückt werden.

Den **Schlussformulierungen** wird heute hohe Bedeutung beigemessen.

Im Sinne des Arbeitnehmers kann angegeben werden, dass die Lösung des Dienstverhältnisses vom Dienstnehmer ausgegangen ist. Das Dienstzeugnis darf nicht enthalten, dass die Beendigung vom Arbeitgeber ausgegangen ist (siehe dazu Seite 22). Gleichzeitig sollen Dank und Bedauern in einem Zeugnis heute nicht fehlen. Sie sind keine „kosmetischen Floskeln", sondern gehören zu einem guten Dienstzeugnis dazu. Ihr Fehlen mindert den Wert der vorhergehenden positiven Aussagen und wird daher häufig negativ registriert.

Ort und Datum. Das korrekte Datum und das Anführen des Ausstellungsorts sind eher formale Bestandteile eines Dienstzeugnisses, wobei das Tagesdatum das Austrittsdatum sein sollte. Zeugnisse, die verfrüht ausgestellt werden, stellen de facto Zwischenzeugnisse dar. Ein Dienstzeugnis, dessen Ausstellungsdatum nicht dem Austrittsdatum entspricht, lässt meist viel Interpretationsspielraum offen.

Verantwortlicher Zeugnisaussteller. Grundsätzlich sollte das Dienstzeugnis von einem für Personalfragen zuständigen Mitarbeiter oder dem unmittelbaren Vorgesetzten unterschrieben werden. Wir empfehlen Ihnen, dass der unmittelbar Vorgesetzte aus dem Zeugnis hervorgeht, was den Wert der Beurteilung hebt.

> **Tipp:**
> Wenn im Zeugnis ein bestimmter Manager des Unternehmens oder eine bestimmte Stelle als weisungsbefugt für den Mitarbeiter angeführt ist, ist es empfehlenswert, dass diese Person auch das Zeugnis unterschreibt. Dies gilt im weitesten Sinn auch für Textstellen wie „berichtete direkt an den Vorstand".

C. Schritt für Schritt zum perfekten qualifizierten Dienstzeugnis

Wir haben hier bewusst auch Formulierungen für die Note 4 und 5 angeführt, welche jedoch nach österreichischem Recht nicht verwendet werden dürfen. Insbesondere ist bei den Formulierungen auf das Erschwernisverbot nach österreichischem Recht zu achten, das zB die Formulierung „zur vollen Zufriedenheit" nicht als zulässige Einschränkung qualifiziert (siehe dazu auch OGH-Entscheidung vom 17.12.08, OGH 9 ObA 164/08w). Diese sollen hier exemplarisch angeführt werden, um den Blick für diese Abstufungen zu schärfen, falls sie einmal doch in einem Dienstzeugnis verwendet werden.

1. Schritt: Sprache und Zeugnisstruktur

- Formulieren Sie Zeugnisse ausgehend vom angeführten **Gliederungsschema** bzw von den **Sollanforderungen und bewerten Sie danach die Ist-Situation**.
- **Loben Sie „richtig"** – die Formulierungen spiegeln die Notenskala von 1 bis 5 wider. Grundsätzlich ist zu unterscheiden zwischen dem, was gelobt wird und vor allem wie gelobt wird.
- Die genannten **Attribute** sollen sich in einer Person vereinen lassen und die beschriebenen Erfolge der **Beschäftigungsdauer und Position angemessen** sein. Fehlen bestimmte Zeugnispassagen (= Leerstellentechnik, siehe auch unten: Codierungstechniken), deutet das darauf hin, dass es diesbezüglich besondere Probleme in dem Arbeitsverhältnis gab. Werden Selbstverständlichkeiten erwähnt, gibt es sonst nichts Positives zu berichten.
- In Reaktion auf die Verpflichtung zu verständigem Wohlwollen gegenüber dem Arbeitnehmer haben sich verschiedene **Codierungstechniken** entwickelt, welche die Funktion haben, durch taktischen Sprachgebrauch bzw durch „gezielt initiierte Mehrfachinterpretierbarkeit" die Informationsfunktion des Dienstzeugnisses in verdeckter Form zu wahren. Dabei ist davon auszugehen, dass diese Angaben ausschließlich im Interesse des Arbeitnehmers verwendet werden sollen (siehe Seite 25).

Hinweise zu bestimmten Negativformulierungen in Dienstzeugnissen, die nach österreichischem Recht zu unterlassen sind

Negative Formulierungen:	Bedeutung:
bemühte sich	*hat Aufgaben nicht oder nur mangelhaft erfüllt*
hat alle Arbeiten ordentlich erledigt	*wenig Eigeninitiative*

war mit Interesse bei der Sache	*trotz Anstrengung wenig geleistet, Interesse bestand zwar, ohne dass Leistungen erbracht wurden*
zeigte für seine Arbeit Verständnis	*hat wenig bis nichts geleistet*
wegen ihrer Pünktlichkeit ein Vorbild	*Pünktlichkeit alleine ist zu wenig*
hat sich im Rahmen ihrer Fähigkeiten eingesetzt	*der Rahmen ist leider sehr eng*
war stets willens, alles termingerecht zu erledigen	*Arbeitsleistung unbefriedigend*
hat sich mit Eifer ihren Tätigkeiten gewidmet	*jedoch ohne Erfolg*
hat auch brauchbare Vorschläge gemacht	*Vorschläge waren meist nicht brauchbar*
verfügt über Fachwissen und zeigt ein gesundes Selbstvertrauen	*geringes Wissen, übersteigertes Selbstvertrauen*
mit den Vorgesetzten ist sie stets gut zurecht gekommen	*Mitläuferin, sich dem Vorgesetzten um jeden Preis anpassen wollen*
war tüchtig und wusste sich gut zu verkaufen	*unangenehmer Mitarbeiter*
bei den Kolleginnen galt sie als tolerante Mitarbeiterin	*für Chefs ein harter Brock#en*
Wir lernten sie als umgänglich kennen	*nicht sehr beliebt*
Im Kollegenkreis galt er als toleranter Mitarbeiter	*mit Vorgesetzten hatte er Probleme*
Wir haben uns im gegenseitigen Einvernehmen getrennt	*gekündigt bzw nahe gelegt zu kündigen*
Herr XY hat gewissenhaft gearbeitet	*aber nichts geleistet*
hat unseren Erwartungen entsprochen	*durchgehend schlechte Leistungen*
Er verstand es zu delegieren	*ließ lieber andere für sich arbeiten*
Er ist sehr tüchtig und weiß sich gut zu verkaufen	*mehr Schein als Sein*
Er war schnell beliebt	*er hat sich angebiedert*
Sie trug durch ihre Geselligkeit zur Verbesserung des Betriebsklimas bei	*Alkoholkonsum im Dienst?*

> Für die Belange der Belegschaft bewies er stets Einfühlungsvermögen
> *er sucht intime Kontakte*
> Er ist inner- und außerbetrieblich ein sehr engagierter Kollege
> *war gewerkschaftlich tätig und im Betriebsrat aktiv*
> Er arbeitete vertrauensvoll mit der Geschäftsleitung zusammen und stand ihr kritisch und aufgeschlossen gegenüber
> *war gewerkschaftlich tätig und im Betriebsrat aktiv*

Folgende Codierungs-Techniken können bei der Formulierung von Dienstzeugnissen angewendet werden:

1. Die Reihenfolge-Technik

Bei der Reihenfolge-Technik wird Unwichtiges oder weniger Wichtiges vor Wichtigem genannt. Diese Technik kann zum Beispiel bei der Auflistung der Aufgaben praktiziert werden, wodurch die Bedeutung der Stelle abgewertet wird.

2. Die Ausweich-Technik

Auch die besondere Hervorhebung von Unwichtigem, weniger Wichtigem oder von Selbstverständlichkeiten anstatt Wichtigem wertet ab, so zum Beispiel wenn bei einem Außendienst-Mitarbeiter von gepflegtem Auftreten und geordneten Produktunterlagen, nicht aber vom erreichten Erfolg die Rede ist.

3. Die Einschränkungs-Technik

Hier erfolgt eine subtile, teils zeitliche Einschränkung der Geltung der Aussage oder der Beurteilungsbasis.

Zum Beispiel: *Herr X gilt im Verband* (= nicht bei uns) *als Fachmann*. Oder: *Er erledigte alle Hauptaufgaben* (= nicht die Nebenaufgaben) *seiner Position zu unserer vollsten Zufriedenheit*. Oder: *Wir wünschen ihm, dass er Erfolg haben wird* (= hatte er bisher nicht).

4. Die Andeutungs-Technik

Mit der Andeutungs-Technik werden dem Leser des Dienstzeugnisses durch auslegbare Leerformeln oder durch Worte, die oft schon in der Alltagssprache mehrdeutig gebraucht werden, negative Schlüsse nahegelegt.

Beispiele: *Er hat sich im Rahmen seiner Fähigkeiten eingesetzt* (= geringe Fähigkeiten). Oder: *Sie erledigte ihre Aufgaben immer ordnungsgemäß* (= bürokratische Arbeitsweise).

Ein besonderes Mittel der Andeutungs-Technik ist die gehäufte Passivierung. Durch Aussagen wie „*wurde er eingestellt*", „*wurde ihm übertragen*", „*wurde einbezogen*" wird der Arbeitnehmer durchgängig als unselbständiges Objekt und damit ohne Initiative und Engagement präsentiert.

5. Die Knappheits-Technik

Bei der Knappheits-Technik erfolgt die Abwertung durch ein betont kurzes Zeugnis oder durch lakonische Aussagen. Besteht zum Beispiel die Leistungsbeurteilung ausschließlich in einer sehr guten Zufriedenheitsformel, so entsteht dennoch kein positiver Eindruck.

6. Die Widerspruchs-Technik

Die Widerspruchstechnik verletzt die Homogenität des Zeugnisses als Ganzes. Aussagen sind dabei in sich widersprüchlich formuliert bzw. stehen im Widerspruch zu anderen Zeugnisinhalten.

Beispiel: *Frau X hat im Großen und Ganzen* (= nicht immer) *zur Zufriedenheit unserer Kunden gearbeitet* (= mangelhaft), *sodass wir mit ihrer Arbeit stets zufrieden* (= sehr gut) *waren* (= negative Gesamtwirkung).

Diese genannten Techniken liefern dem kundigen Leser verdeckte, aber für ihn selbstverständliche Aussagen. Dadurch, dass sie ihm Probleme andeuten, legen sie Nachforschungen nahe.

- In der **Zeugnissprache** spielen der **Zeitfaktor** und besonders die **Steigerungsformen** eine große Rolle (siehe auch S. 58, 4. Schritt).
  Die reine Nennung eines Attributes stellt bestenfalls eine durchschnittliche Bewertung (Schulnote 3) dar. Eine gute Bewertung (Schulnote 2) erfolgt mit dem Zusatz „stets". Eine sehr gute Bewertung formulieren Sie mit der höchsten Steigerungsform und dem uneingeschränkten Zeitfaktor.

  zB: „Sie zeigte einen stets sehr guten Einsatz."   (1)
       „Sie zeigte einen stets guten Einsatz."   (2)
       „Sie zeigte einen guten Einsatz."   (3)

> **Achtung:** Eine gute Beurteilung für Arbeitserfolg, Zufriedenheitsformulierung und Dankesformel enthält in jedem Fall Steigerungsform und Zeitfaktor!

Bei mehreren Beurteilungen in einem Satz ist es nicht notwendig, den Zeitfaktor und die Steigerungsform zu wiederholen.
In einem zeitgemäßen Dienstzeugnis sollten auch alternative Steigerungsformen vorkommen:

Note 1   weit überdurchschnittlich
         ein sehr hohes Maß an
         sehr wertvoll
         äußerst
         stets außerordentlich
         stets vorbildlich

Note 2   überdurchschnittlich
         ein hohes Maß an
         außerordentlich
         beachtlich
         in jeder Hinsicht

- Bei den **Formulierungsvarianten** sind Ihnen keine Grenzen gesetzt – im Gegenteil: Ein **persönlicher Stil** hebt das Dienstzeugnis von Standardvarianten ab und vermittelt ein positives Bild nach außen. Vermeiden Sie es, in einem Satz zu viele Formulierungen zusammenzufassen! Die Aussagen sollen knapp und klar den Inhalt auf den Punkt bringen. Vermeiden Sie jedoch unternehmensspezifische Ausdrücke und Abkürzungen, ohne Erklärungen anzuführen.

- Beginnen Sie nicht jeden Satz mit Herr oder Frau XY, besser:
  „Sein Arbeitsstil war geprägt durch ...."
  „Dank seiner guten Auffassungsgabe konnte er ....."
  Weitere positive **Textbausteine für das qualifizierte Zeugnis**:
      bewies
      erzielte
      erreichte
      besonders hervorzuheben ist
      zeigte
      sicherte
      beigetragen
      erwies sich als
      beeindruckte durch

- Formulieren Sie mit **Zeitwörtern**, vermeiden Sie Hauptwörter:
  „Sie arbeitete effizient und erzielte sehr gute Ergebnisse."

- Formulieren Sie **aktiv**, dh der Mitarbeiter soll als aktive Person dargestellt werden: „arbeitete bei uns" oder „war bei uns tätig" statt *„wurde bei uns beschäftigt"* bzw. *„wurde als ... eingestellt"*. Passive Formulierungen deuten Unselbständigkeit des Mitarbeiters an.
  Positive Wörter für einen dynamischen Mitarbeiter sind:
      erledigte
      perfektionierte
      beendete
      optimierte
      modernisierte
      realisierte
      führte ein
      beschleunigte

erreichte
steigerte
senkte
setzte durch
erzielte
steuerte

- Die richtige Reihenfolge ist speziell bei der Tätigkeitsbeschreibung für den Informationswert eines Dienstzeugnisses aussagekräftig, da die Reihenfolge eine Gewichtung darstellt (siehe dazu auch Seite 43). Beginnen Sie mit der wichtigsten Tätigkeit. Eine Formulierung wie zum Beispiel *„Er war für den Einkauf Büromaterial und die Beschaffung von Investitionsgütern zuständig"* klingt abwertend.

- Endzeugnisse werden im Allgemeinen in der Vergangenheitsform, Zwischenzeugnisse in der Gegenwartsform verfasst.

- Setzen Sie generell folgende Formulierungen nach österreichischem Recht nicht ein, da sie eine eher schlechte Beurteilung ausdrücken:

   war bemüht/bestrebt
   so gut er konnte
   Erfolg versprechend
   brachte alle Voraussetzungen mit, um
   erforderte
   ordnungsgemäß
   zeigte Verständnis
   Gerne bestätigen wir
   Wunschgemäß bescheinigen wir
   hatte die Gelegenheit
   meist
   überwiegend
   im Großen und Ganzen
   grundsätzlich
   im Rahmen ihrer Möglichkeiten/Fähigkeiten
   ohne Beanstandungen
   außer Zweifel
   reibungslos
   ohne Schwierigkeiten
   nicht unerheblich
   konnte … kennen lernen

Diese Formulierungen lassen bei einem fachkundigen Leser alle Alarmglocken läuten!

- Vermeiden Sie negative Formulierungen, die vom Leser missinterpretiert werden können (siehe Seite 46). Dazu einige Beispiele:
  - So ist zB das Wort „*verschwiegen*" im österreichischen Sprachgebrauch anders zu verstehen als in Deutschland (siehe dazu auch Leistungsbeurteilung). In Österreich steckt die Bedeutung zuverlässig, vertrauenswürdig dahinter. Nichtfachleute könnten hier einen Mitarbeiter sehen, der kaum seinen Standpunkt dargelegt bzw sogar Informationen zurückgehalten hat.
  - Die Bezeichnung „*schwierige Führungsaufgabe*" könnte bedeuten, dass der Mitarbeiter seine Aufgaben als schwierig empfunden hat. Besser ist in diesem Zusammenhang die Bezeichnung „besondere Situation" oder „besondere Aufgabe" etc. „*Delegieren*" könnte im Zusammenhang mit der Führungsaufgabe interpretiert werden („... *er hat es verstanden, Kompetenzen und Verantwortungen zu delegieren*"), dass der Mitarbeiter Arbeit abgeschoben hat. Besser passt hier die Bezeichnung „übertragen". Und die Formulierung „... *sich in schwierigen Situationen durchzusetzen*" heißt eindeutig, dass dieser Mitarbeiter sich zwar Vorschläge angehört hat, aber letztlich dann doch selbst und nach seiner Version entschieden hat – was zwar für eine starke Führungskraft spricht, nicht aber unbedingt für eine hohe Teamorientierung.
  - Die Bezeichnung „Leistungsnorm" („... *Fluktuation und Fehlzeiten gingen unter seiner Leistungsnorm zurück*") ist in Österreich eher unüblich und besser durch „Teamführung" oder „Leitung" zu ersetzen. Denn die Leistungsnorm gibt das Unternehmen bzw die Unternehmensstrategie vor. „*Fehlzeiten und Fluktuation*" im Dienstzeugnis anzuführen wirft kein besonders gutes Licht auf das Unternehmen.
  - „*Er identifizierte sich absolut mit seiner Aufgabe und dem Unternehmen und stellt persönliche Belange bei Notwendigkeit stets zurück*": Die Identifikation mit dem Unternehmen wird manchmal angeführt und sollte nicht mit „absolut" bewertet werden, sondern etwa mit „in hohem Maße" oder „außerordentlich" – da sowohl Identifikation als auch das Rückstellen von „persönlichen Belangen" eine Selbstverständlichkeit für einen Mitarbeiter sind, die nicht extra angeführt werden müssen. Das könnte missverständlich angeführt werden – warum muss der Verfasser das bei diesem Mitarbeiter besonders hervorheben?
- Allerdings gibt es über diese verschlüsselten Aussagen hinaus auch Formulierungen, die tatsächlich das ausdrücken sollen, was auch geschrieben wurde, zB:
  - Wir konnten Frau BC in jeder Situation unser volles Vertrauen schenken.
  - Frau BC wurde wegen ihrer Hilfsbereitschaft von den Kolleginnen und Kollegen stets geschätzt.
  - Herr HZ war im Umgang mit unseren Kunden gewandt und überzeugte durch seine Zielstrebigkeit und Umsicht.

- Der Zeugnisverfasser sollte es vermeiden, **positive Sachverhalte** durch die **Verneinung negativ besetzter Begriffe oder durch die Verneinung des Gegenteils** auszudrücken, da ein Leser dies leicht als Andeutung interpretieren kann. Folgende negativen Beispiele sollen dies verdeutlichen: *untadelige Persönlichkeit, reibungslose Zusammenarbeit, reihte sich ohne Schwierigkeiten in den Kollegenkreis ein, leistet unproblematisch Überstunden, nicht ohne Erfolg, ohne Vorbehalt zufrieden.*

2. Schritt: Konkrete Formulierungen für die Einleitung

– Herr Vorname Zuname, geboren am ..., war vom ... bis ... als Bereichsleiter für uns tätig.

– Frau Vorname Zuname, geboren am ..., in ..., war in der Zeit vom ... bis ... in unserem Haus als Sekretärin tätig.

– Frau Vorname Zuname, geborene E., geboren am ..., war in der Zeit vom ... bis zum ... als Chefassistentin für den kaufmännischen Bereich unseres Unternehmens tätig.

– Herr Vorname Zuname, geboren am ... in ..., war vom ... bis ... als ... für unser Unternehmen tätig. Die Stelle war direkt dem Leiter ... unterstellt.

Achtung: Formulierungen wie „ *... hatte bis zum ... ein Arbeitsverhältnis inne ....*" oder „*war eingesetzt*" stellen durch die passive Formulierung eine gewisse Abwertung dar. Besser sind hier aktive Formulierungen, wie zB „*war ... als ... tätig*". Weiters ist in Österreich die Anmerkung „*Karenzzeit*" unzulässig und nur auf besonderen Wunsch zu ergänzen.

3. Schritt: Konkrete Formulierungen für die Positions- und Tätigkeitsbeschreibung

Textbausteine für die Einleitung zur exakten Positions- oder Tätigkeitsbeschreibung:

– Ihr komplexer Tätigkeitsbereich umfasst die selbständige Erledigung folgender Aufgaben:

– Ihre Tätigkeit umfasste insbesondere folgende Aufgaben:

– Ihre Hauptaufgaben lagen im:

– Im Einzelnen gehörten die folgenden Hauptaufgaben zu Ihrem Tätigkeitsbereich:

- Er war unter anderem verantwortlich für:
- Er führte im Wesentlichen folgende Tätigkeiten durch:
- Frau Zuname arbeitete in folgenden Bereichen:
- Zu ihrem Verantwortungsbereich zählten insbesondere:
- In dieser mit großem Gestaltungsspielraum und Eigenverantwortung ausgestatteten Position übernahm er folgende Aufgabenbereiche:

> **Achtung:** Die alleinige Formulierung „Aufgaben:" ohne weitere Erläuterung zeigt eine oberflächliche Sicht auf die Tätigkeit des Mitarbeiters. Hier könnte interpretiert werden, dass dies eigentlich seine Aufgaben sein hätten sollen, er diese jedoch nicht optimal erfüllt hat. Ebenso negativ ist es zu schreiben, dass die „Stelle folgende Hauptaufgaben" umfasst hat.

Im Folgenden ersehen Sie exemplarisch einige charakteristische Tätigkeitsbeschreibungen für spezielle Berufe bzw Praktika.

1. Tätigkeitsbeschreibung Hotelfachmann – Praktikum:

Herrn XY wurden zahlreiche verschiedene Aufgaben im Rahmen des Praktikums übertragen:
- Erledigung aller Aufgaben im Hotelbetrieb, wie Zimmerreinigung, Bettenmachen, allgemeine Reinigungsarbeiten, Erstellen von Dienstplänen, Verwaltung der Wäschebestände
- Aufgaben in den Bereichen Speisen- und Getränkeausgabe, Büffet, Kontrolle der Speisen vor Verlassen der Küche, Einschenken und Ausgeben von Getränken, Bedienung der Kaffeemaschine und das Zapfen von Bier
- Aufgaben im Restaurantservice, wie zum Beispiel das Aufnehmen von Bestellungen und das Auftragen von Speisen
- Kaufmännische und allgemeine Büro-Aufgaben wie Kalkulation von Preisen, Gestaltung von Angeboten, Bearbeiten von Zahlungsvorgängen, Korrespondenz mit Gästen, Lieferanten und weiteren Geschäftspartnern

2. Tätigkeitsbeschreibung Arbeiter – Maschinenbautechniker:

Herr XY war eigenverantwortlich mit folgenden Aufgaben beauftragt:
- Technische Klärung mit den Kunden bzw mit den jeweiligen Konstruktionsverantwortlichen
- Kontaktstelle für alle Kundenwünsche, auch über das jeweilige Projekt hinausgehend

- Erarbeitung von Zusatzangeboten für unsere Kunden
- Abstimmung der Liefertermine und Montagezeiträume
- Überwachung der Abläufe innerhalb der vorgegebenen Zeiteinheiten
- Unterstützung der Bauleiter
- Kontrolle und Freigabe von Rechnungen der Subunternehmen

3. Tätigkeitsbeschreibung Angestellte – Bürokauffrau:

In ihrer Position war Frau XY hauptsächlich für folgende Aufgaben zuständig:
- Überwachung von Zahlungs- und Lieferterminen
- Entgegennehmen und Bearbeiten von Aufträgen
- Angebote einholen
- Eingangsrechnungen kontrollieren
- Ausgangsrechnungen erstellen
- Zahlungen prüfen und veranlassen
- Führung und Verwalten von Personalakten
- Erfassen von Arbeits- und Fehlzeiten

4. Tätigkeitsbeschreibung Angestellte – Office-Managerin in einer Agentur:

Frau XY war in diesem Zeitraum Office Managerin in der Abteilung … und als solche für die **Organisation und Administration der Abteilung** zuständig. Darüber hinaus war Frau XY auch als **Assistentin für den Abteilungsleiter und für sechs Projektmanager** tätig. Weiters unterstützte sie je nach Bedarf die Kollegen bei …………-**Projekten** (Vorbereitung, Nachbearbeitung, Urlaubsvertretung).

5. Tätigkeitsbeschreibung Angestellte – Diplom-Informatiker (FH):

Im Einzelnen waren die Aufgaben von Herrn XY folgende:
- Planung für die Weiterentwicklung der beteiligten IT-Systeme
- Entwicklung der Strategie für die zukünftige Positionierung des Webshops
- Planung und Umsetzung von webinternen Maßnahmen zur Verkaufsförderung sowie Koordinierung der geplanten Aktivitäten mit der Marketing- bzw Rechtsabteilung
- Steuerung von informationstechnischen Dienstleistungen

6. Tätigkeitsbeschreibung Angestellte – Human-Resource-Assistent:

Diese mit großem Gestaltungsspielraum und Eigenverantwortung ausgestattete Position umfasste insbesondere folgende Aufgabenbereiche:

- Selbständige Durchführung von Rekrutierungsprojekten (Erstellung von Anforderungsprofilen und Stellenanzeigen, Positionierung von Inseraten in geeigneten Medien, Kontakt mit Personalberatern, Bewerbungsmanagement, das Führen von Bewerbungsgesprächen, Kandidatenpräsentation sowie Verhandlung von Dienstverträgen)
- Erstellung von Dienstverträgen und Abwicklung von Dienstvertragsänderungen
- Erstellung von Dienstzeugnissen
- Abhalten von Einführungsveranstaltungen für neue MitarbeiterInnen und Ferialpraktikanten
- Mitarbeit in der Administration des Eintritts- und Austrittsprozesses
- Mitarbeit bei der Einführung der Mitarbeiterdatenbank sowie laufende Adaptierungen, Erstellung von Auswertungen
- Personalcontrolling, -reporting: Datenerhebung und -verarbeitung der für diverse Reportings relevanten HR-Ziffern, eigenverantwortliche Erstellung der Reports
- Mitarbeit bei der Dokumentation der HR-Prozesse
- Ansprechpartnerin für arbeitsrechtliche Themen, Erstellung von Zusammenfassungen zu aktuellen arbeits- und sozialrechtlichen Themen für das Intranet
- Umfassende Betreuung der Tochtergesellschaften in Deutschland und Schweden in arbeitsrechtlichen und administrativen HR-Belangen (Rekrutierung, Dienstvertragserstellung auf Basis lokaler Rechtsvorschriften, Administration von Ein- und Austritten, Schnittstelle zur lokalen Lohnverrechnung)
- Vertretung der Stabstelle als Beauftragte für Qualitätsmanagement
- Projektmitarbeit in der Neugestaltung des Intranets und der Homepage sowie Projektverantwortung für den neuen Intranetauftritt der Personalabteilung

7. Tätigkeitsbeschreibung Angestellte – Konzipientin Rechtsanwaltskanzlei:

Frau AB war im Wesentlichen in folgenden Rechtsgebieten tätig:

- Insolvenzrecht
- Eigenkapitalersatzrecht
- Exekutionsrecht

- Zivilrecht: Gewährleistungsrecht, Schadenersatzrecht
- Fremdenrecht

Zu ihrem Tätigkeitsbereich gehörte die eigenständige Betreuung von Mandanten in den unterschiedlichsten Rechtsfragen einschließlich der Durchführung von Gerichtsverhandlungen. Frau AB war weiters mit der selbständigen Abwicklung von ... betraut und hat ebenso bei der Bearbeitung von ... mitgewirkt.

8. Tätigkeitsbeschreibung Angestellte – Sprechstundenhilfe:

Zu ihren Tätigkeiten gehörte:

- das Erfassen von Patientenstammdaten
- das Führen von Krankengeschichten
- die E-Card-Verwaltung
- das Erfassen von Befunden sowie
- das Formularwesen und
- das Schreiben von EKGs

9. Tätigkeitsbeschreibung Angestellte – Kindergartenhelferin:

Zum Aufgabengebiet von Frau XY zählte die didaktische Planung, pädagogische Umsetzung und individuelle Förderung der Kinder. Besonders hervorzuheben ist die Unterstützung der Leitung durch die eigenverantwortliche Durchführung der Elternarbeit, dh Gestaltung von Elternabenden, Führung von Eltern- bzw Konfliktgesprächen.

Weiters erbrachte Frau XY besondere Leistungen im Bereich der Montessori-Arbeit, im Rahmen verschiedener Projekte der Integration und der gezielten Vorschularbeit im operativen Tagesgeschäft des Kindergartens. Des Weiteren oblagen ihr die Beobachtung der Kinder und die entsprechende Zusammenarbeit mit der Psychologin. Darunter ist sowohl das statistische Bearbeiten der Beobachtungsbögen als auch die Vorbereitung der entsprechenden Förderprogramme und Elterngespräche zu verstehen.

10. Tätigkeitsbeschreibung Angestellte – Bibliothekar:

Sein Aufgabengebiet umfasst folgende Tätigkeiten:

- Administration und Bestandspflege der elektronischen Zeitschriften in der EZB (Elektronische Zeitschriftenbibliothek) und in SFX (Elektronisches Linking System des Anbieters ExLibris)
- Verwaltung und Dokumentation zu den Zeitschriftenkonsortien, an denen die Bibliothek teilnimmt
- Abhalten von Benutzerschulungen zur wissenschaftlichen Zeitschriftenrecherche

- Informationsdienst im Bereich Datenbankrecherchen und Bibliotheksbenutzung
- Mitarbeit bei Projekten der Zeitschriftenabteilung inklusive konzeptioneller Tätigkeiten
- Aufbereitung von Nutzungsstatistiken der elektronischen Zeitschriften
- Redaktionelle Arbeiten (Betreuung der Informationsmaterialien der Zeitschriftenabteilung)

4. Schritt: Konkrete Formulierungen für die Leistungsbeurteilung und Arbeitsweise

Hier sind bewusst zum Erkennen auch Formulierungen für die Note 3, 4 und 5 angeführt, welche jedoch nach österreichischem Recht nicht verwendet werden dürfen!

Die Formulierung „zur vollen Zufriedenheit" wurde als zulässige Einschränkung von der österreichischen Rechtsprechung in der jüngsten Entscheidung als dem Erschwernisverbot widersprechend verneint (OGH-Entscheidung vom 17.12.08). Sie soll daher nicht verwendet werden und wird in den Textbausteinen nicht angeführt.

Note 1   arbeitete äußerst gründlich

arbeitete mit größter Sorgfalt

arbeitete sehr zuverlässig und gewissenhaft

verfügte stets über ein sehr hohes Maß an Eigeninitiative und Leistungsbereitschaft

fand stets optimale Lösungen, die er kostengünstig in die Praxis umsetzte

Die Qualität der Arbeit von Frau XY war kontinuierlich und ausnahmslos sehr hoch.

Die Leistung von Herrn XY war stets sehr gut.

Wir waren mit den Leistungen stets außerordentlich zufrieden.

Die Leistungen von Frau AB haben jederzeit und in jeder Hinsicht unsere vollste Anerkennung gefunden.

Frau XY war äußerst pflichtbewusst, verschwiegen und zuverlässig. Sie erledigte die ihr übertragenen Aufgaben immer zu unserer vollsten Zufriedenheit.

Ihr effizienter Arbeitsstil zeichnete sich durch ein hohes Maß an Selbständigkeit sowie eine systematische Vorgehensweise aus.

hat alle übertragenen Aufgaben und Arbeiten mit großer Einsatzfreude zu unserer vollsten Zufriedenheit erledigt. Wir schätzten besonders ihre Eigeninitiative und ihren Fleiß.
Herr AB ist ein hervorragender Fachmann, der auch schwierige Aufgaben souverän löst.
Er ist auf seinem Fachgebiet eine Autorität und löst auch schwierige Aufgaben.
Seine Fachkenntnisse liegen weit über dem Durchschnitt.
war stets sehr gut motiviert und verfügte über eine umfassende ausgezeichnete Arbeitsbefähigung.
zeichnete sich durch ein hohes Maß an Selbständigkeit aus und war jederzeit bereit und auch fähig, zusätzlich auch komplizierte Tätigkeiten zu übernehmen.
ist jederzeit in der Lage und bereit, vielschichtige und besonders schwierige Tätigkeiten auszuführen.

Note 2   arbeitete stets gründlich
arbeitete mit großer Sorgfalt
arbeitete zuverlässig und gewissenhaft
zeichnete sich durch ein stets sehr hohes Pflichtbewusstsein aus
erbrachte aufgrund ihrer umsichtigen und effizienten Arbeitsweise auch in Ausnahmesituationen stets eine gute Leistung
Ihre Aufgaben hat Frau XY zu unserer vollsten Zufriedenheit erfüllt.
Besonders hervorzuheben ist ihr großer persönlicher Einsatz auch über die normale Arbeitszeit hinaus.
Sie beeindruckte durch konstant gute Arbeitserfolge sowohl in qualitativer wie auch in quantitativer Hinsicht.
verfügte über eine hohe Arbeitsbereitschaft und vorbildliche Pflichtauffassung

Note 3   arbeitete sorgfältig und genau
arbeitete auch unter erschwerten Bedingungen zuverlässig
die Leistungen waren jederzeit zufriedenstellend
war pflichtbewusst
war gut motiviert und verfügt über eine gute Arbeitsbefähigung
hatte eine gute Arbeitsauffassung
zeigte Initiative, Fleiß und Eifer
verfügte über eine hohe Arbeitsbereitschaft
Die Erledigung der Aufgaben durch Herrn XY entsprach stets den Anforderungen.

Note 4 arbeitete im Allgemeinen sorgfältig und genau
führte die ihm übertragenen Aufgaben nach Anweisung aus
hat den Anforderungen entsprochen
arbeitete mit genügender Arbeitsmotivation
zeigte eine zufriedenstellende Arbeitsmotivation und Arbeitsbefähigung
war in der Lage, auf Anforderung gewisse andere, gleichartige Arbeitsaufgaben zu erfüllen
Die Arbeitsergebnisse von Frau XY entsprachen der erforderlichen Mindestqualität.
war wiederholt bereit, selbständig zusätzliche Arbeiten zu übernehmen.

Note 5 hat den Anforderungen im Wesentlichen entsprochen
hat sich bemüht, die übertragenen Aufgaben zu unserer Zufriedenheit zu erledigen
verfügt über eine im Großen und Ganzen zufriedenstellende Arbeitsbefähigung
arbeitete meist fehlerfrei und strebte stets danach, qualitativ gute Arbeit zu leisten
war immer mit Interesse bei der Sache
war bereit, die ihm übertragenen Arbeiten auszuführen
verfügt über gewisse Berufserfahrungen.

5. Schritt: Konkrete Formulierungen für die fachliche Qualifikation

Hier sind bewusst zum Erkennen auch Formulierungen für die Note 3, 4 und 5 angeführt, welche jedoch nach österreichischem Recht nicht verwendet werden dürfen!

Note 1 Herr ... beherrschte seinen Tätigkeitsbereich stets umfassend, sicher und vollkommen.

Frau ... verfügt über ein sehr umfassendes, detailliertes und aktuelles Fachwissen.

Frau Dr. ... besitzt ein hervorragendes, jeder verfügbares Fachwissen und löste durch ihre sehr sichere Anwendung selbst schwierigste Aufgaben.

Note 2 Herr ... beherrschte seinen Tätigkeitsbereich stets umfassend und überdurchschnittlich.

Frau ... wendete ihre guten Fachkenntnisse stets mit großem Erfolg in der Praxis an.

Note 3	Frau ... setzte ihre Fachkenntnisse den Anforderungen stets entsprechend ein.
Note 4	Frau ... hatte hinreichende Fachkenntnisse. Frau verfügte über Fachwissen und setzte es ein.
Note 5	Frau ... hat sich nach und nach Fachkenntnisse angeeignet.

Neben dem speziellen Fachwissen sollen auch Fremdsprachen, PC-Kenntnisse uÄ mit dem jeweiligen Grad der Beherrschung angeführt werden.

6. Schritt: Konkrete Formulierungen für die Weiterbildung

Note 1	Frau XY verfügt über hervorragende Fachkenntnisse, die sie stets auf dem neuesten Stand hielt.
Note 2	Herr XY aktualisierte beständig sein Wissen und hat die erworbenen Kenntnisse stets gut in die Praxis umgesetzt.

7. Schritt: Konkrete Formulierungen zu allgemeinen Fähigkeiten bzw Mitarbeiterführung

Allgemeine Fähigkeiten:

Zu den allgemeinen Fähigkeiten gehören ua Ausdauer, Beharrlichkeit, Kreativität, Auffassungsgabe, Entscheidungsfreude, Verkaufstalent, Durchsetzungsvermögen, Sachverstand, Prioritäten, Organisationstalent, Innovationsvermögen, Kostenbewusstsein, Zahlenverständnis, Verantwortungsbewusstsein, analytisches Denkvermögen, routinierter Fachmann, zukunftsorientiertes Denken, unternehmerisches Denken oder rhetorisches Geschick.

Note 1	Ein sehr gutes Organisationstalent und Durchsetzungsvermögen gehörten ebenso zu ihrem Qualifikationsprofil wie ein sehr hohes Maß an Belastbarkeit und Ausdauer. Sie hatte immer wieder ausgezeichnete Ideen, gab wertvolle Anregungen und ergriff selbständig alle erforderlichen Maßnahmen und führte sie entschlossen durch.
Note 2	Dank ihrer guten Auffassungsgabe und ihres kaufmännischen Sachverstands hat sie sich rasch in das komplexe Aufgabengebiet eingearbeitet. Sie entschied und handelte auch bei hoher Belastung und in Stresssituationen besonnen.

Führungsleistung:

Note 1   Herr XY besitzt ausgezeichnete Führungsqualitäten und war bei seinen Mitarbeitern stets anerkannt und geschätzt. Er zeichnete sich durch einen kooperativen Führungsstil aus und verstand es auch, sich in schwierigen Situationen zu bewähren. Er motivierte seine Mitarbeiter stets zu sehr guten Leistungen.

Note 2   Frau XY verfügt über gute Führungseigenschaften. Sie schaffte es, ein effizientes und erfolgreiches Projektteam zu formen.

8. Schritt: Konkrete Formulierungen zum sozialen Verhalten

Hier sind bewusst zum Erkennen auch Formulierungen für die Note 3, 4 und 5 angeführt, welche jedoch nach österreichischem Recht nicht verwendet werden dürfen!

Note 1   Das Verhalten von Herrn XY gegenüber seinen Vorgesetzten und Kollegen war jederzeit sehr gut.
Wegen ihrer stets verbindlichen und hilfsbereiten Art war Frau XY bei ihren Vorgesetzten und Kollegen gleichermaßen geschätzt und beliebt.
Herr XY war bei unseren anspruchsvollen Geschäftspartnern wegen seiner fachkundigen Beratung und wegen seines gewinnenden und zuvorkommenden Wesens sehr geschätzt und anerkannt.
Herr XY ist ein sehr aufgeschlossener und kooperativer Mitarbeiter, der sich sehr gut in das Team integrierte.
Auf seine Loyalität und Diskretion konnten wir uns jederzeit absolut verlassen.
... war stets vorbildlich
Unseren Geschäftspartnern und Kunden gegenüber trat sie stets sicher und gewandt auf. Sie hat unser Unternehmen in vorbildlicher Weise repräsentiert.
Ihr Verhalten gegenüber Vorgesetzten, Kollegen und Kunden war immer vorbildlich.

Note 2   Das Verhalten von Herrn XY gegenüber Vorgesetzten und Kollegen war einwandfrei.
Die Zusammenarbeit von Herrn XY mit Vorgesetzten und Mitarbeitern war stets gut.
Ihr Verhalten gegenüber Vorgesetzten und Kollegen war einwandfrei, kooperativ und konstruktiv. Sie verfügt über eine sehr hohe Sozialkompetenz und trug zu einem harmonischen Betriebsklima bei.
... war vorbildlich

Note 3	Im Umgang mit unseren Mandanten bewies Frau XY Taktgefühl.
	Frau XY arbeitete mit Vorgesetzten und Mitarbeitern gut zusammen.
	... war (stets) einwandfrei/korrekt
Note 4	Das persönliche Verhalten war insgesamt einwandfrei.
	Das Verhalten von Frau XY gegenüber Kollegen und Vorgesetzten war spannungsfrei.
	Insgesamt gesehen ist Frau XY mit seinen Kollegen ausgekommen.
	... war ohne Tadel
Note 5	Das Verhalten von Frau XY gegenüber Vorgesetzten war nicht zu tadeln.
	Frau XY strebte stets ein gutes Verhältnis zu unseren Kunden an.
	... gab zu keiner Klage Anlass
	Über ihn ist uns nichts Nachteiliges bekannt geworden.

9. Schritt: Konkrete Schlussformulierungen

Hier sind bewusst zum Erkennen auch Formulierungen für die Note 3, 4 und 5 angeführt, welche jedoch nach österreichischem Recht nicht verwendet werden dürfen!

Schlussformulierungen Endzeugnis:

Arbeitnehmerseitige Kündigung mit Begründung (nur mit Zustimmung des Arbeitnehmers zulässig):

– Herr XY verlässt uns auf eigenen Wunsch, um in einem anderen Unternehmen eine weiterführende Aufgabe zu übernehmen.
– Frau XY verlässt uns auf eigenen Wunsch, um sich selbständig zu machen.
– Er hat das Angebot angenommen, in einem anderen Unternehmen eine Leitungsaufgabe zu übernehmen, und verlässt uns daher auf eigenen Wunsch.
– Das Arbeitsverhältnis endete auf Wunsch von Herrn XY im beiderseitigen besten Einvernehmen.

Arbeitgeberseitige Kündigung (betriebsbedingt) (nur mit Zustimmung des Arbeitnehmers zulässig):

– Da wir den Geschäftszweig CCC aufgegeben haben und Frau XY keine adäquate Stelle anbieten konnten, mussten wir das Arbeitsverhältnis zum ... beenden.
– Das Arbeitsverhältnis endete betriebsbedingt, da die Saison zu Ende ist.
– Die Trennung erfolgte im gegenseitigen Einvernehmen (Initiative ging vom Arbeitgeber aus).

Arbeitgeberseitige Entlassung (fristlos)
- Mit dem 22.7.2007 (krummes Datum!) endet das Arbeitsverhältnis.

Schlussformulierungen Zwischenzeugnis:

können angeführt werden, das Zwischenzeugnis wird aber auch ohne Grund ausgestellt
- Herr XY erbat dieses Zwischenzeugnis aufgrund des Wechsels seines Vorgesetzten.
- Frau XY wechselte zum 1.1.2008 in die Abteilung AB und erhielt aus diesem Grund dieses Zwischenzeugnis.
- Herr XY erbat dieses Zwischenzeugnis anlässlich seiner Einberufung zum Präsenzdienst.

Formulierungen zu Dank und Bedauern:

Note 1   Wir bedauern sehr, eine so exzellente Führungskraft zu verlieren, und sind ihm für die vorbildliche Leistung zu großem Dank verpflichtet.

Wir danken für die gute Zusammenarbeit und wünschen ....

Für ihre außerordentlich engagierte und erfolgreiche Arbeit danken wir Frau XY und bedauern sehr, sie zu verlieren.

Wir danken Herrn XY für seine stets sehr hohe Leistung und bedauern den Verlust dieser sehr guten Fachkraft.

Wir sind Frau XY für die langjährige wertvolle Zusammenarbeit zu Dank verpflichtet. Den Verlust dieser ausgezeichneten Mitarbeiterin bedauern wir sehr.

Note 2   Wir bedauern das Ausscheiden von Frau XY und danken ihr für die stets gute Zusammenarbeit. Zugleich haben wir Verständnis dafür, dass sie die ihr gebotene Chance nutzt.

Wir danken ihm für seine wertvollen Leistungen und bedauern seinen Unternehmenswechsel.

Frau XY danken wir für ihre guten Leistungen bzw großen Erfolge und bedauern ihr Ausscheiden, da wir mit ihr eine unternehmerisch handelnde Führungskraft verlieren.

Note 3   Wir bedauern das Ausscheiden von Frau XY und danken ihr als bewährter Fachkraft für ihre Mitarbeit.

Wir danken Herrn XY für die langjährige und gute Zusammenarbeit und bedauern es, dass er uns verlässt.

Wir danken ihr für ihre gute Leistung und die angenehme Zusammenarbeit. Dass sie uns verlässt, bedauern wir.

C. Schritt für Schritt zum perfekten qualifizierten Dienstzeugnis

	Das Ausscheiden nehmen wir mit Bedauern zur Kenntnis.
Note 4	Wir waren mit Frau XY zufrieden und danken ihr.
	Wir danken Herrn XY.
	Bei Herrn XY bedanken wir uns für die Zusammenarbeit.
Note 5	Wir danken Herrn XY bei dieser Gelegenheit.
	Wir danken Frau XY für ihr Bemühen.
	Wir danken ihr für das stete Interesse an einer guten Zusammenarbeit.

Formulierungen für Zukunftswünsche:

Note 1	Wir wünschen ihm für seinen weiteren Berufs- und Lebensweg alles Gute und weiterhin viel Erfolg.
	Wir wünschen dieser tüchtigen Mitarbeiterin für ihre weitere Zukunft alles Gute und weiterhin viel Erfolg.
Note 2	Wir wünschen ihr auf ihrem weiteren Berufs- und Lebensweg alles Gute.
	Wir wünschen ihm auch für die Zukunft viel Glück.
Note 3	Für seine weitere Tätigkeit wünschen wir Herrn XY alles Gute.
	Herrn XY wünschen wir für seine weitere Arbeit alles Gute.
Note 4	Frau XY wünschen wir für die Zukunft alles Gute.
	Wir wünschen Herrn XY alles Gute.
Note 5	Herrn XY wünschen wir alles Gute, vor allem für seine Gesundheit.
	Unsere besten Wünsche begleiten Frau XY.
	Frau XY wünschen wir für die Zukunft jedoch alles Gute.

D. Zeugnisbeispiele

Beispiel für ein **einfaches Zeugnis**:

Dienstzeugnis

Herr ......, geboren am .... in Wien, wohnhaft in ...., war in der Zeit von ..... bis .... als ..... für den kaufmännischen Bereich unseres Hauses tätig.

Ihm waren folgende Aufgaben übertragen:

Ort, Datum   Unterschrift

Anmerkung: Eine Schlussformulierung muss hier nicht angebracht werden.

Beispiel für ein **sehr gutes Zwischenzeugnis**:

Zwischenzeugnis

Frau XY, geborene M., geboren am ….. in Wien, trat am ….. als Verkaufsassistentin in die Abteilung Verkauf Österreich unseres Unternehmens ein.

Ihre Aufgaben umfassen folgende Tätigkeiten:
- Koordination und Realisierung von Werbetexten, Prospekten und Anzeigen
- Fachliche und organisatorische Unterstützung des Verkaufsleiters
- Selbständige Korrespondenz in Deutsch, Englisch
- Vorbereitung von internen Sitzungen und Verkaufsverhandlungen
- Reise- und Terminplanung für die Innendienstmitarbeiter und den Verkaufsleiter
- Pflege der Kundendatenbank Österreich und des Archivs

Frau XY ist eine motivierte Mitarbeiterin, die die vereinbarten Ziele strebsam und erfolgsorientiert realisiert. Sie verfügt über ein sehr fundiertes Fachwissen und überzeugt durch eine umsichtige und genaue Arbeitsweise, speziell in Bezug auf die Werbetextgestaltung. Frau XY arbeitet engagiert, selbständig und stets zu unserer vollsten Zufriedenheit. Ihr Verhalten gegenüber Vorgesetzten und Kunden ist immer einwandfrei.

Wir stellen dieses Zwischenzeugnis auf Wunsch von Frau XY aus, da ihre Position bedingt durch eine Umstrukturierung des Bereichs Verkauf einem anderen Vorgesetzten zugeordnet wird.

Wir bedanken uns bei Frau XY für ihre sehr wertvolle Mitarbeit und wünschen ihr weiterhin viel Erfolg in unserem Unternehmen. Gleichzeitig freuen wir uns auf die Fortsetzung dieser positiven Zusammenarbeit.

Ort, Datum   Unterschrift

Dienstzeugnisse – Rechtsfragen und Textbausteine

Zeugnismuster für ein **erstklassiges qualifiziertes Zeugnis**:

Zeugnis

Herr Dr. FT, geboren am .... in ....., trat am .... in die ....-Bank ein und war als Informatiker im Bereich ... tätig.
Zu seinem Aufgabengebiet gehörten im Wesentlichen:
- Projektierung .....
- Beratung ....
- Überwachung ....
- Assistenz bei ....

Herr Dr. FT beherrschte seinen Arbeitsbereich stets umfassend, sicher und vollkommen. Er verfügt über ein ausgezeichnetes Fachwissen, das er beständig auf dem neuesten Stand hielt. Er besitzt die Fähigkeit, komplexe Sachverhalte rasch zu erfassen und überzeugte mit gut durchdachten Problemlösungen. Seine Arbeitsweise zeichnet sich durch absolute Selbständigkeit, Sorgfalt und Genauigkeit aus. Er erledigte seine Aufgaben sehr zielstrebig und zuverlässig stets zu unserer vollsten Zufriedenheit.

Sein Verhalten gegenüber Vorgesetzen und Mitarbeitern war außerordentlich kooperativ, konstruktiv und stets einwandfrei. Er trug maßgeblich zu einer guten Teamarbeit bei.

Herr Dr. FT verlässt uns auf eigenen Wunsch zum ...., um in einem anderen Unternehmen eine leitende Position zu übernehmen. Wir bedauern sein Ausscheiden sehr und danken ihm für sein weit überdurchschnittliches Engagement und seine ausgezeichneten Leistungen. Für seinen weiteren Berufs- und Lebensweg wünschen wir ihm alles Gute und weiterhin viel Erfolg.

Ort, Datum   Unterschrift

Qualifiziertes Zeugnis für eine Diplomkrankenschwester – **sehr gute Bewertung**:

Zeugnis

Frau BC, geboren am ....., in ....., trat am ... in unser Krankenhaus ein. Sie wurde hier als Diplomkrankenschwester bis zum ... beschäftigt:
Zu ihren Aufgaben gehörte
- die Pflege und Versorgung ...
- die Kontrolle der ...
- die Einteilung der ...

Die Leistungen von Frau BC waren stets sehr gut. Sie war eine ausgezeichnete Mitarbeiterin, was auch durch das Feedback unserer Patienten immer wieder bestätigt wurde.

Frau BC wurde von Vorgesetzten und Kollegen als fleißige und freundliche Mitarbeiterin sehr geschätzt. Sie hatte Freude am Umgang mit Patienten. Frau BC verlässt uns aufgrund ihrer familiären Situation auf eigenen Wunsch.

Wir bedauern ihr Ausscheiden und danken Frau BC für die jahrelange vorbildliche Leistung. Wir wünschen ihr auf Ihrem weiteren beruflichen und privaten Weg alles Gute und weiterhin viel Erfolg.

Ort, Datum   Unterschrift

Dienstzeugnisse – Rechtsfragen und Textbausteine

Beispiel für ein **qualifiziertes gutes Zeugnis**:

Zeugnis

Frau XY, geborene M., geboren am ….. in Wien, war in der Zeit von ….. bis …. als Chefassistentin für den kaufmännischen Bereich unseres Hauses tätig. Ihr waren folgende Hauptaufgaben übertragen:
- Selbständige Korrespondenz in Deutsch, Englisch und Kroatisch
- Vorbereitung von Sitzungen und Verhandlungen
- Reise- und Terminplanung

Frau XY verfügte über gute fachliche Fähigkeiten und Kenntnisse. Besonders hervorzuheben sind ihre sehr guten Sprachkenntnisse in Wort und Schrift. Frau S. arbeitete engagiert, selbständig und zu unserer vollsten Zufriedenheit. Ihr Verhalten gegenüber Vorgesetzten und Kunden war immer einwandfrei.

Frau XY. beendete das Arbeitsverhältnis auf eigenen Wunsch nach Ablauf des Karenzurlaubes zum ….. Wir danken ihr für die gute und angenehme Zusammenarbeit und wünschen dieser engagierten Mitarbeiterin beruflich und persönlich alles Gute und weiterhin viel Erfolg.

Ort, Datum   Unterschrift

Beispiel für ein **einfaches Lehrzeugnis**:

Zeugnis

Herr ......, geboren am ….. in Wien, wohnhaft in ...., wurde von uns in der Zeit von ..... bis .... als ….-Lehrling ausgebildet.

Herr …. hatte während der Lehrzeit Gelegenheit, sich die im Berufsbild XY erwarteten Kenntnisse und Fertigkeiten anzueignen und war in folgenden Abteilungen tätig:

Die Lehrabschlussprüfung wurde vor der …-stelle der Wirtschaftskammer XY abgelegt.

Ort, Datum   Unterschrift

Beispiel für ein **gutes Praktikantenzeugnis**:

Praktikantenzeugnis

Herr XY, geboren am ….. in Wien, war in der Zeit von ..... bis .... in unserem Hotel als Praktikant im Rahmen seiner Ausbildung zum Hotelkaufmann eingesetzt. Während des Praktikums war Herr XY in folgenden Stellen tätig:
- Rezeption/Information
- Service und Küche
- Zimmerservice

Herr XY arbeitete genau und sorgfältig, gleichzeitig zeichnete er sich durch sein sympathisches Auftreten und seine gästeorientierten Umgangsformen aus. Dadurch gelang ihm eine rasche Integration in das bestehende Team. Herr XY hat die ihm übertragenen Aufgaben zielorientiert und eigenständig zu unserer vollsten Zufriedenheit ausgeführt.

Wir danken Herrn XY für seine sehr gute Mitarbeit und wünschen ihm für die weitere Zukunft alles Gute.

Ort, Datum   Unterschrift

E. Textbausteine

Bei den Textbausteinen wurde bewusst auf die Beurteilung nach der Note 3, 4 und 5 verzichtet, da diese nach österreichischem Recht unzulässig ist. Die Formulierung „zur vollen Zufriedenheit" wurde als zulässige Einschränkung von der österreichischen Rechtsprechung in der jüngsten Entscheidung als dem Erschwernisverbot widersprechend verneint (OGH-Entscheidung vom 17.12.08). Sie soll daher nicht verwendet werden und wird in den Textbausteinen nicht angeführt.

Überschrift und Einleitung
Überschrift für alle Arbeitnehmergruppen

1 Zeugnis
2 Arbeitszeugnis
3 Dienstzeugnis
4 Traineezeugnis
5 Zwischenzeugnis

Einleitung für Arbeiter und Angestellte
Einleitung im Dienstzeugnis von Arbeitern und Angestellten

6 Frau VORNAME NAME, geboren am GEBURTSDATUM in GEBURTSORT, war vom VERTRAGSBEGINN bis zum VERTRAGSENDE in unserer Abteilung BEZEICHNUNG als BERUFSBEZEICHNUNG tätig.

7 Frau VORNAME NAME, geboren am GEBURTSDATUM in GEBURTSORT, war als BERUFSBEZEICHNUNG vom VERTRAGSBEGINN bis zum VERTRAGSENDE in unserer Firma tätig. Vom MONAT JAHR bis zum MONAT JAHR war das Arbeitsverhältnis wegen GRUND unterbrochen.

8 Frau VORNAME NAME, geboren am GEBURTSDATUM in GEBURTSORT, war vom VERTRAGSBEGINN bis zum VERTRAGSENDE als BERUFSBEZEICHNUNG bei uns tätig.

9 Herr NAME, geboren am GEBURTSDATUM, war vom VERTRAGSBEGINN bis zum VERTRAGSENDE bei uns als BEZEICHNUNG tätig. Zuvor war er schon ZAHL Monate bei uns als Zeitarbeitnehmer im Rahmen einer Arbeitnehmerüberlassung beschäftigt.

10 Frau NAME, geboren am GEBURTSDATUM, war in der Zeit vom VERTRAGSBEGINN bis zum VERTRAGSENDE bei uns zunächst als BEZEICHUNG und ab MONAT JAHR als BEZEICHUNG tätig.

Einleitung im Zwischenzeugnis von Arbeitern und Angestellten

11 Frau VORNAME NAME, geboren am GEBURTSDATUM in GEBURTSORT, ist seit VERTRAGSBEGINN bei uns als BERUFSBEZEICHNUNG und seit DATUM als BERUFSBEZEICHNUNG tätig.

12 Frau NAME ist seit VERTRAGSBEGINN in unserem Unternehmen bzw. den Rechtsvorgängern tätig.

13 Frau VORNAME NAME, geboren am GEBURTSDATUM in GEBURTSORT, ist seit VERTRAGSBEGINN bei uns als BEZEICHNUNG tätig. Über die zuvor in unserem Hause durchgeführte Ausbildung zum BERUF gibt ein spezielles Ausbildungszeugnis Auskunft.

14 Frau VORNAME NAME, geboren am GEBURTSDATUM in GEBURTSORT, ist seit VERTRAGSBEGINN bei uns im Rahmen eines (ZAHL-mal verlängerten) befristeten Arbeitsverhältnisses als BERUFSBEZEICHNUNG in der Abteilung BEZEICHNUNG tätig.

15 Frau VORNAME NAME, geboren am GEBURTSDATUM in GEBURTSORT, trat am VERTRAGSBEGINN als BERUFSBEZEICHNUNG bei uns ein.

16 Frau VORNAME NAME, geboren am GEBURTSDATUM in GEBURTSORT, ist seit VERTRAGSBEGINN bei uns als Teilzeitmitarbeiterin im Umfange von ZAHL Stunden wöchentlich / monatlich tätig.

Firmenbeschreibung bei Arbeitern und Angestellten

17 Wir sind ein (selbständiges / mittelständisches / konzernangehöriges) Unternehmen / Handwerksunternehmen / Kleinunternehmen / Mittelunternehmen / Großunternehmen / Industrieunternehmen / Handelsunternehmen / Dienstleistungsunternehmen / Filialunternehmen in der BRANCHE mit ZAHL Mitarbeitern und BETRIEBSZWECK. Die Hauptaufgabe der Abteilung BEZEICHNUNG ist ZWECK.

18 Wir gehören zur BEZEICHNUNG-Gruppe und produzieren / erstellen / veredeln / bearbeiten / vertreiben (in Österreich / europaweit / weltweit) insbesondere PRODUKTE / DIENSTE.

19 Wir sind ein Tochterunternehmen der BEZEICHNUNG-Gruppe und BETRIEBSZWECK.

Einleitung für leitende Angestellte
Einleitung im Dienstzeugnis von leitenden Angestellten

20 Frau TITEL VORNAME NAME, geborene NAME, geboren am GEBURTSDATUM in GEBURTSORT, war vom VERTRAGSBEGINN bis zum VERTRAGSENDE in unserer Abteilung BEZEICHNUNG als BERUFSBEZEICHNUNG tätig. In dieser Position vertrat sie den BEZEICHNUNG.

21 Frau TITEL VORNAME NAME, geboren am GEBURTSDATUM in GEBURTSORT, war vom VERTRAGSBEGINN bis zum VERTRAGSENDE in unserer Abteilung

BEZEICHNUNG als BERUFSBEZEICHNUNG tätig, nachdem sie schon vorher bei unserer Muttergesellschaft / Tochtergesellschaft / Schwesterfirma FIRMA arbeitete.

22 Frau TITEL VORNAME NAME, geboren am GEBURTSDATUM in GEBURTSORT, war vom VERTRAGSBEGINN bis zum VERTRAGSENDE bei uns tätig, und zwar zunächst als BEZEICHNUNG und ab dem DATUM als BEZEICHNUNG.

23 Frau TITEL VORNAME NAME, geboren am GEBURTSDATUM in GEBURTSORT, war vom VERTRAGSBEGINN bis zum VERTRAGSENDE in unserem Hause als leitende Angestellte in der Funktion der BEZEICHNUNG tätig. In dieser Position gehörte sie zu unserer erweiterten Geschäftsleitung.

24 Frau TITEL VORNAME NAME, geboren am GEBURTSDATUM in GEBURTSORT, war bei uns vom VERTRAGSBEGINN bis zum VERTRAGSENDE in verschiedenen Funktionen, zuletzt als BEZEICHNUNG, eigenverantwortlich tätig.

25 Frau TITEL VORNAME NAME, geboren am GEBURTSDATUM in GEBURTSORT, war in unserem Hause vom VERTRAGSBEGINN bis zum VERTRAGSENDE in verschiedenen Funktionen tätig. In ihrer letzten Position leitete sie die ORGANISATIONSEINHEIT. In dieser Position als leitende Angestellte war sie, wie schon in den vorhergehenden Positionen, mit Prokura ausgestattet.

26 Frau TITEL VORNAME NAME, geboren am GEBURTSDATUM in GEBURTSORT, leitete vom VERTRAGSBEGINN bis zum VERTRAGSENDE unsere Abteilung BEZEICHNUNG. In dieser Funktion war sie mit Gesamtprokura / Einzelprokura / den erforderlichen Kompetenzen ausgestattet.

27 Frau TITEL VORNAME NAME, geboren am GEBURTSDATUM in GEBURTSORT, leitete vom VERTRAGSBEGINN bis zum VERTRAGSENDE in Doppelfunktion die Bereiche BEZEICHNUNG sowie BEZEICHNUNG. Beide Funktionen erfüllte sie in Personalunion auch für unsere Tochterfirma / Schwesterfirma, die FIRMA. Sie berichtete direkt der Geschäftsleitung und war mit Prokura / Einzelprokura ausgestattet.

28 Frau TITEL VORNAME NAME, geboren am GEBURTSDATUM in GEBURTSORT, leitete das Unternehmen als GmbH-Geschäftsführerin vom VERTRAGSBEGINN bis zum VERTRAGSENDE eigenverantwortlich und in voller Gestaltungs- und Entscheidungsfreiheit.

29 Frau TITEL VORNAME NAME, geboren am GEBURTSDATUM in GEBURTSORT, leitete vom VERTRAGSBEGINN bis zum VERTRAGSENDE als alleinvertretungsberechtigte Geschäftsführerin / Alleingeschäftsführerin das Unternehmen.

30 Frau TITEL VORNAME NAME, geboren am GEBURTSDATUM in GEBURTSORT, trat am VERTRAGSBEGINN als BEZEICHNUNG in die Dienste unserer Rechtsvorgängerin, der FIRMA, ein.

31 Frau TITEL VORNAME NAME, geboren am GEBURTSDATUM in GEBURTSORT, war vom EINTRITTTERMIN bis zum VERTRAGSENDE als BERUFSBEZEICHNUNG bei uns tätig. In der Zeit vom DATUM bis zum DATUM war sie in der Elternzeit.

32 Frau NAME, geboren am GEBURTSDATUM, war in der Zeit vom VERTRAGSBEGINN bis zum VERTRAGSENDE bei uns zunächst als BEZEICHUNG und ab MONAT JAHR als BEZEICHUNG tätig.

Einleitung im Zwischenzeugnis von leitenden Angestellten

33 Frau TITEL VORNAME NAME, geboren am GEBURTSDATUM in GEBURTSORT, trat am VERTRAGSBEGINN in unser Unternehmen ein.

34 Frau TITEL VORNAME NAME, geboren am GEBURTSDATUM in GEBURTSORT, leitete seit VERTRAGSBEGINN als Alleingeschäftsführerin das Unternehmen.

35 Frau TITEL VORNAME NAME, geboren am GEBURTSDATUM in GEBURTSORT, leitet das Unternehmen als GmbH-Geschäftsführerin seit VERTRAGSBEGINN eigenverantwortlich und mit voller Gestaltungs- und Entscheidungsfreiheit.

36 Frau TITEL VORNAME NAME, geboren am GEBURTSDATUM in GEBURTSORT, ist seit dem VERTRAGSBEGINN bei uns als BEZEICHNUNG tätig. Sie berichtet direkt dem Vorstand / der Geschäftsführung / der Geschäftsleitung / dem Inhaber. Am DATUM wurde ihr Einzelprokura / Gesamtprokura / Filialprokura / Handlungsvollmacht erteilt.

37 Frau VORNAME NAME, geboren am GEBURTSDATUM in GEBURTSORT, ist seit VERTRAGSBEGINN in unserer Firma als BERUFSBEZEICHNUNG tätig. In dieser Position vertritt Frau NAME den BEZEICHNUNG.

38 Frau TITEL VORNAME NAME, geboren am GEBURTSDATUM in GEBURTSORT, ist seit VERTRAGSBEGINN bei uns als BEZEICHNUNG tätig, nachdem sie schon vorher bei unserer Muttergesellschaft / Tochtergesellschaft / Schwesterfirma FIRMA arbeitete.

39 Frau TITEL VORNAME NAME, geboren am GEBURTSDATUM in GEBURTSORT, ist seit VERTRAGSBEGINN in unserer Abteilung BEZEICHNUNG als BERUFSBEZEICHNUNG tätig.

40 Frau VORNAME NAME, geboren am GEBURTSDATUM in GEBURTSORT, ist seit dem EINTRITTTERMIN als BERUFSBEZEICHNUNG bei uns tätig.

Firmenbeschreibung bei leitenden Angestellten

41 Die FIRMA ist ein (selbständiges / mittelständisches / konzernangehöriges) Unternehmen / Handwerksunternehmen / Kleinunternehmen / Mittelunternehmen / Großunternehmen / Industrieunternehmen / Handelsunternehmen / Dienstleistungsunternehmen / Filialunternehmen in der BRANCHE mit ZAHL Mitarbeitern und BETRIEBSZWECK. Die Hauptaufgabe der Abteilung BEZEICHNUNG ist ZWECK.

42 Als Kanzlei / Sozietät / Steuerberatung / Wirtschaftsprüfungsgesellschaft / Unternehmensberatung / Gemeinschaftspraxis für ZWECK beraten / vertreten / betreuen / versorgen wir Kunden / Mandanten / Klienten / Patienten in REGION. Hauptaufgabe des Bereiches BEZEICHNUNG ist ZWECK.

43 Hauptaufgabe des Amtes für BEZEICHNUNG der Stadt ORT ist die ZWECK, die mit insgesamt ZAHL Mitarbeitern durchgeführt wird.

44 Die KLINIK / Das HOSPITAL / Das KRANKENHAUS verfügt über ZAHL Betten. In der STATION werden ZAHL Patienten von ZAHL Ärzten und ZAHL weiteren Mitarbeitern betreut.

Überschrift für Auszubildende

45 Ausbildungszeugnis

Einleitung für Auszubildende (Ziel und Dauer der Ausbildung)

Einleitung im Dienstzeugnis von Auszubildenden

46 Frau VORNAME NAME, geboren am GEBURTSDATUM in GEBURTSORT, hat vom VERTRAGSBEGINN bis zum AUSBILDUNGSENDE in unserem Unternehmen den Beruf der BERUFSBEZEICHNUNG mit sehr gutem / gutem Erfolg erlernt.

47 Frau VORNAME NAME, geboren am GEBURTSDATUM in GEBURTSORT, ist in der Zeit vom VERTRAGSBEGINN bis zum AUSBILDUNGSENDE in unserem Unternehmen zur BERUFSBEZEICHNUNG ausgebildet worden.

48 Frau VORNAME NAME, geboren am GEBURTSDATUM in GEBURTSORT, hat vom VERTRAGSBEGINN bis zum AUSBILDUNGSENDE den Beruf der BERUFSBEZEICHNUNG erlernt.

49 Frau VORNAME NAME, geboren am GEBURTSDATUM in GEBURTSORT, begann am VERTRAGSBEGINN bei uns eine Ausbildung zur BERUFSBEZEICHNUNG.

50 Das Ausbildungsverhältnis mit Frau VORNAME NAME, geboren am GEBURTSDATUM in GEBURTSORT, dauerte vom VERTRAGSBEGINN bis zum AUSBILDUNGSENDE.

Einleitung im Zwischenzeugnis von Auszubildenden

51 Frau VORNAME NAME, geboren am GEBURTSDATUM in ORT, erlernt seit dem VERTRAGSBEGINN in unserem Unternehmen den Beruf BEZEICHNUNG.

Firmenbeschreibung bei Auszubildenden

52 Wir sind ein (selbständiges / mittelständisches / konzernangehöriges) Unternehmen / Handwerksunternehmen / Kleinunternehmen / Mittelunternehmen / Großunternehmen / Industrieunternehmen / Handelsunternehmen / Dienstleistungsunternehmen / Filialunternehmen in der BRANCHE mit ZAHL Mitarbeitern und BETRIEBSZWECK. Wir bilden mit ZAHL Ausbildern im kaufmännischen / technischen Bereich BERUFSFELDER aus.

53 Wir sind BESCHREIBUNG und bilden Auszubildende für den Beruf BEZEICHNUNG aus.

Überschrift für Praktikanten und Volontäre

54 Praktikantenzeugnis
55 Praktikumszeugnis
56 Volontärszeugnis
57 Zwischenzeugnis

Einleitung für Praktikanten und Volontäre

Einleitung im Dienstzeugnis von Praktikanten und Volontären

58 Frau VORNAME NAME, geboren am GEBURTSDATUM in GEBURTSORT, hat im Rahmen ihres FACHRICHTUNG-Studiums ihr erstes / zweites Praxissemester vom VERTRAGSBEGINN bis zum VERTRAGSENDE in unserem Unternehmen absolviert.

59 Frau VORNAME NAME, geboren am GEBURTSDATUM in GEBURTSORT, war während ihres Praktikums vom VERTRAGSBEGINN bis zum VERTRAGSENDE entsprechend ihrem Studienschwerpunkt BEZEICHNUNG in unserer Abteilung BEZEICHNUNG eingesetzt.

60 Frau VORNAME NAME, geboren am GEBURTSDATUM in GEBURTSORT, war als Volontärin vom VERTRAGSBEGINN bis zum VERTRAGSENDE in unserem Unternehmen.

61 Frau VORNAME NAME, geboren am GEBURTSDATUM in GEBURTSORT, leistete vom VERTRAGSBEGINN bis zum VERTRAGSENDE im Rahmen ihres FACHRICHTUNG-Studiums an der Fachhochschule ORT ihr (erstes/zweites) Praxissemester bei uns ab.

62 Frau VORNAME NAME, geboren am GEBURTSDATUM in GEBURTSORT, leistete vom VERTRAGSBEGINN bis zum VERTRAGSENDE im Rahmen ihres FACHRICHTUNG-Studiums an der Universität ORT ihr (erstes/zweites) Praxissemester bei uns ab.

63 Frau VORNAME NAME, geboren am GEBURTSDATUM in GEBURTSORT, war vom VERTRAGSBEGINN bis zum VERTRAGSENDE während ihrer Semesterferien bei uns tätig.

64 Frau VORNAME NAME, geboren am GEBURTSDATUM in GEBURTSORT, war im Rahmen eines befristeten Arbeitsverhältnisses vom VERTRAGSBEGINN bis zum VERTRAGSENDE als Werkstudentin in der Abteilung BEZEICHNUNG tätig.

65 Frau VORNAME NAME, geboren am GEBURTSDATUM in GEBURTSORT, war in den Semesterferien vom VERTRAGSBEGINN bis zum VERTRAGSENDE bei uns beschäftigt.

66 Frau VORNAME NAME, geboren am GEBURTSDATUM in GEBURTSORT, war während ihres Studiums in den Jahren JAHR bis JAHR in den Semesterferien insgesamt ZAHL-mal im Umfange von ZAHL Monaten bei uns tätig.

67 Frau NAME war vom VERTRAGSBEGINN bis zum VERTRAGSENDE in unserem Hause als Praktikantin tätig und hat in dieser Zeit in Kooperation mit uns ihre Diplomarbeit zur Frage THEMA angefertigt.

Einleitung im Zwischenzeugnis von Praktikanten und Volontären

68 Frau VORNAME NAME, geboren am GEBURTSDATUM in ORT, führt im Rahmen ihres BEZEICHNUNG-Studiums seit dem VERTRAGSBEGINN bei uns ein Praktikum durch.

Firmenbeschreibung bei Praktikanten und Volontären

69 Wir sind ein (selbständiges / mittelständisches / konzernangehöriges) Unternehmen / Handwerksunternehmen / Kleinunternehmen / Mittelunternehmen / Großunternehmen / Industrieunternehmen / Handelsunternehmen / Dienstleistungsunternehmen / Filialunternehmen in der BRANCHE mit ZAHL Mitarbeitern und BETRIEBSZWECK. Wir bieten, betreut durch unsere Ausbildungsabteilung, Studierenden und Diplomanden laufend interessante Praktika und Diplomarbeitsthemen in unseren Abteilungen / Projekten an.

70 Wir sind BESCHREIBUNG und bieten Studierenden / Diplomanden / Volontären / Schülern Praktikumsplätze in den Bereichen AUFZÄHLUNG.

Aufgabenbeschreibung
Aufgabenbeschreibung für Arbeiter und Angestellte

71 Frau NAME bediente eine TYP-Maschine und führte dort folgende Arbeiten durch: (TABELLARISCHE) AUFZÄHLUNG.

72 In der Abteilung BEZEICHNUNG bearbeitete sie überwiegend AUFGABENBEZEICHNUNG.

73 Frau NAME erledigte alle anfallenden BEZEICHNUNG-Arbeiten.

74 Zu ihren Hauptaufgaben gehörte die selbständige Erledigung von: (TABELLARISCHE) AUFZÄHLUNG. Daneben bearbeitete sie (TABELLARISCHE) AUFZÄHLUNG.

75 Frau NAME war in unserem Unternehmen in verschiedenen Funktionen tätig. Dazu zählten im Wesentlichen: (TABELLARISCHE) AUFZÄHLUNG.

76 Zu ihren Aufgaben gehörten folgende selbständige Tätigkeiten: (TABELLARISCHE) AUFZÄHLUNG.

77 In dieser Funktion erledigte sie selbständig: (TABELLARISCHE) AUFZÄHLUNG.

78 In der Abteilung BEZEICHNUNG erledigte sie folgende Aufgaben: (TABELLARISCHE) AUFZÄHLUNG. Ab DATUM übernahm Frau NAME zusätzlich die Aufgabe BEZEICHNUNG.

79 Zunächst war Frau NAME in der Abteilung BEZEICHNUNG tätig. Dort erledigte sie folgende Aufgaben: (TABELLARISCHE) AUFZÄHLUNG. Ab dem DATUM war sie aufgrund einer erfolgreichen internen Bewerbung in der Abteilung BEZEICHNUNG als BEZEICHNUNG tätig.

80 In der Abteilung BEZEICHNUNG erledigte sie folgende Aufgaben: (TABELLARISCHE) AUFZÄHLUNG. Nach der Verkleinerung / Schließung dieser Abteilung übernahm Frau NAME in der Abteilung BEZEICHNUNG die Tätigkeit einer BEZEICHNUNG. Hier erledigte sie folgende Aufgaben: (TABELLARISCHE) AUFZÄHLUNG.

81 Frau NAME wurde im Jahre ZAHL in die Abteilung BEZEICHNUNG versetzt und dort zur BERUFSBEZEICHNUNG umgeschult.

Aufgabenbeschreibung für leitende Angestellte

82 Sie war zuständig für: (TABELLARISCHE) AUFZÄHLUNG. Außerdem war sie Mitglied in unserem Ausschuss für BEZEICHNUNG.

83 Die Schwerpunkte ihres Tätigkeitsfeldes lagen vor allem in der eigenverantwortlichen Erledigung von: (TABELLARISCHE) AUFZÄHLUNG.

84 Die Hauptaufgaben in dieser mit großem Gestaltungsspielraum und mit Eigenverantwortung ausgestatteten Position waren: (TABELLARISCHE) AUFZÄHLUNG.

85 Der Wirkungs- und Verantwortungsbereich von Frau NAME umfasste im Wesentlichen die selbständige Erledigung folgender Aufgaben: (TABELLARISCHE) AUFZÄHLUNG.

86 Frau NAME führte im Rahmen ihres verantwortungsvollen und vielseitigen Tätigkeitsfeldes eigenverantwortlich und erfolgreich insbesondere folgende Aufgaben durch: (TABELLARISCHE) AUFZÄHLUNG.

87 Ihre wesentlichen Aufgaben bestanden in der selbständigen Erledigung von: (TABELLARISCHE) AUFZÄHLUNG. Seit dem DATUM war Frau NAME Mitglied des innerbetrieblichen Ausschusses zur Überarbeitung unseres KOSTENSTELLENPLANES.

88 Frau NAME war mit der selbständigen Erledigung von allen anfallenden Arbeiten der GEBIET betraut. Dazu zählten insbesondere: (TABELLARISCHE) AUFZÄHLUNG. Darüber hinaus war sie für die innerbetriebliche Ausbildung verantwortlich.

89 Schwerpunkte im Ziel- und Aufgabenspektrum waren: (TABELLARISCHE) AUFZÄHLUNG. Aufgrund ihrer besonderen Leistung wurde Frau NAME als POSITIONSBEZEICHNUNG mit der verantwortlichen Leitung unserer BEZEICHNUNG-Abteilung betraut. Ihre Aufgaben waren hier im Wesentlichen: (TABELLARISCHE) AUFZÄHLUNG.

90 Zuerst war Frau NAME mit ART-Aufgaben betraut. Im Rahmen ihrer weiteren beruflichen Entwicklung und Förderung übertrugen wir ihr: (TABELLARISCHE) AUFZÄHLUNG. Am DATUM wurde ihr Prokura erteilt.

91 Frau NAME war mit der erforderlichen Personal- und Sachkompetenz ausgestattet und erfüllte in ihrer Vertrauens- und Schlüsselposition eigenverantwortlich folgende leitenden Aufgaben: (TABELLARISCHE) AUFZÄHLUNG.

92 Frau NAME leitete eigenverantwortlich den Bereich BEZEICHNUNG. Sie war der Geschäftsleitung direkt unterstellt und nahm regelmäßig an den Sitzungen der erweiterten Geschäftsleitung teil. Außerdem war sie Mitglied unseres INVESTITIONSAUSSCHUSSES: Im betrieblichen Interesse gehörte sie folgenden externen Gremien an: AUFZÄHLUNG.

93 In dieser exponierten Position nahm Frau NAME als leitende Angestellte folgende unternehmerische Teilaufgaben wahr: (TABELLARISCHE) AUFZÄHLUNG. Der Bedeutung der Position entsprechend hatte Frau NAME die notwendigen umfangreichen Vollmachten für eigenverantwortliche Entscheidungen.

94 Frau NAME besaß Prokura / Handlungsvollmacht und nahm als leitende Angestellte in unserem Hause selbständig Aufgaben wahr, die für den Bestand und die Entwicklung des Unternehmens von hoher Bedeutung waren. Ihre Verantwortung umfasste insbesondere: (TABELLARISCHE) AUFZÄHLUNG.

95 Frau NAME realisierte in dieser Position schwerpunktmäßig folgende Ziele: (TABELLARISCHE) AUFZÄHLUNG. Weiterhin führte sie erfolgreich Projekte zur ZIELE durch. Außerdem vertrat sie unsere Interessen im Ausschuss für BEZEICHNUNG des BEZEICHNUNG-Verbandes.

Art der Ausbildung und erworbene Fertigkeiten und Kenntnisse bei Auszubildenden

96 Im Verlauf ihrer Ausbildung wurde Frau NAME in die Arbeiten der verschiedenen Abteilungen unseres Betriebes eingeführt. Sie durchlief die Abteilungen AUFZÄHLUNG. Frau NAME erhielt durch ihre Ausbildung fundierte Kenntnisse in allen Bereichen wie zB (BRANCHENSPEZIFISCHE AUFZÄHLUNG).

97 Frau NAME wurde im Zuge ihrer Berufsausbildung in verschiedenen Bereichen unseres Werkes eingehend unterwiesen. Dabei erwarb sie folgende Fertigkeiten und Kenntnisse: (TABELLARISCHE) AUFZÄHLUNG.

98 Während der ZAHL-monatigen BERUFSBEZEICHNUNG-Ausbildung wurde Frau NAME in den Bereichen AUFZÄHLUNG eingesetzt. Sie lernte die wesentlichen Tätigkeiten dieser Bereiche kennen und arbeitete im Rahmen des Möglichen selbständig. Dank ihrer ausgezeichneten Auffassungsgabe erwarb sie sowohl einen guten Überblick über die Zusammenhänge und Wechselwirkungen in unserem Unternehmen als auch die erforderlichen Detailkenntnisse. Die Ausbildung hatte schwerpunktmäßig folgende Inhalte: 1. Ausbildungsjahr AUFZÄHLUNG 2. Ausbildungsjahr AUFZÄHLUNG 3. Ausbildungsjahr AUFZÄHLUNG Frau NAME eignete sich alle Fertigkeiten und Kenntnisse an, die das Berufsbild BERUFSBEZEICHNUNG fordert, insbesondere in AUFZÄHLUNG.

Aufgabenbeschreibung für Praktikanten und Volontäre

99 Frau NAME durchlief bei uns folgende Abteilungen: AUFZÄHLUNG. Sie arbeitete außerdem in unserem Projekt BEZEICHNUNG mit.

100 Frau NAME bekam einen Überblick über alle Arbeiten, die in einer BEZEICHNUNG anfallen. Insbesondere wurde sie mit folgenden Arbeiten beschäftigt: (TABELLARISCHE) AUFZÄHLUNG.

101 Gemäß der Studienordnung der Fachhochschule ORT wurde sie in folgende Gebiete eingewiesen: (TABELLARISCHE) AUFZÄHLUNG.

102 Um sich intensiv auf ihre spätere Berufspraxis als BEZEICHNUNG vorzubereiten, übernahm Frau NAME während ihres Praktikums das Projekt BEZEICHNUNG, für das sie selbständig eine Lösung erarbeitete.

Leistungsbeurteilung
Leistungsbeurteilung für Arbeiter und Angestellte
Arbeitsbereitschaft von Arbeitern und Angestellten
Arbeitsbereitschaft bei sehr guter Beurteilung

103 Frau NAME war stets sehr gut motiviert.
104 Frau NAME zeichnete sich durch eine sehr hohe Arbeitsmoral aus. Sie hat jederzeit zusätzliche Arbeiten und Mehrarbeit übernommen.
105 Frau NAME verfügte stets über eine sehr gute Leistungsbereitschaft und eine vorbildliche Pflichtauffassung.
106 Die sehr gute Arbeitsmotivation von Frau NAME zeigte sich unter anderem darin, dass sie auf die häufig kurzfristigen Einsatzdispositionen, die unser Betriebszweck unvermeidlich mit sich bringt, stets mit flexibler Rund-um-die-Uhr-Einsatzbereitschaft reagierte.
107 Frau NAME war jederzeit gern bereit, auch Aufgaben außerhalb ihres eigentlichen Aufgabengebietes zu übernehmen.
108 Frau NAME verfügte stets über ein sehr hohes Maß an Eigeninitiative und Leistungsbereitschaft.

Arbeitsbereitschaft bei guter Beurteilung

109 Frau NAME war stets gut motiviert.
110 Frau NAME zeichnete sich durch eine hohe Arbeitsmoral aus. Sie hat jederzeit zusätzliche Arbeiten und Mehrarbeit übernommen.
111 Frau NAME zeichnete sich durch Arbeitseifer und ein hohes Pflichtbewusstsein aus.
112 Frau NAME verfügte stets über eine gute Leistungsbereitschaft und Pflichtauffassung.
113 Frau NAME war eine sehr engagierte und strebsame Mitarbeiterin.
114 Frau NAME war jederzeit bereit, auch Aufgaben außerhalb ihres eigentlichen Aufgabengebietes zu übernehmen.
115 Frau NAME verfügte über ein hohes Maß an Eigeninitiative und Leistungsbereitschaft.

Arbeitsbefähigung von Arbeitern und Angestellten
Arbeitsbefähigung bei sehr guter Beurteilung

116 Sie verfügte über eine in jeder Hinsicht sehr hohe Arbeitsbefähigung und war allen Belastungen ihrer schwierigen und anstrengenden Arbeit sehr gut gewachsen.
117 Sie war eine sehr belastbare und fachlich tüchtige Mitarbeiterin. Sie war jederzeit fähig, schwierige und umfangreiche Aufgaben zu erfüllen.

118 Die Reparaturen beim Kunden erfordern es oft, unkonventionelle Lösungen zu finden. Sie besitzt hierzu ein exzellentes Improvisationstalent und Geschick.

119 Sie war eine bestens qualifizierte Mitarbeiterin und hat sich aufgrund ihrer außergewöhnlichen Auffassungsgabe sehr schnell und sicher in neue Aufgaben eingearbeitet.

120 Sie war eine im positiven Sinne sachkritische und kluge Mitarbeiterin, die hinsichtlich der Arbeitsabläufe viele sehr vernünftige Anregungen machte und realisierte.

121 Sie beherrscht ihr Aufgabengebiet / Handwerk in jeder Hinsicht perfekt / meisterhaft.

Arbeitsbefähigung bei guter Beurteilung

122 Sie verfügte über eine in jeder Hinsicht hohe Arbeitsbefähigung und war den Belastungen ihrer schwierigen und anstrengenden Arbeit gut gewachsen.

123 Sie war eine belastbare und tüchtige Mitarbeiterin. Sie war fähig, schwierige und umfangreiche Aufgaben zu erfüllen.

124 Sie war eine robuste, belastbare und sehr ausdauernde Mitarbeiterin. Sie plant und denkt mit und beherrscht ihre Arbeit gut.

125 Die Reparaturen beim Kunden erfordern es oft, unkonventionelle Lösungen zu finden. Sie besitzt hierzu ein gutes Improvisationstalent und Geschick.

126 Sie war eine gut qualifizierte Mitarbeiterin und hat sich aufgrund ihrer guten Auffassungsgabe schnell und sicher in neue Aufgaben eingearbeitet.

127 Sie war eine im positiven Sinne sachkritische Mitarbeiterin, die hinsichtlich der Arbeitsabläufe viele vernünftige Anregungen machte und realisierte.

Wissen und Weiterbildung von Arbeitern und Angestellten

Wissen und Weiterbildung bei sehr guter Beurteilung

128 Frau NAME verfügt über eine sehr große und bemerkenswerte Berufserfahrung. Ihre fachlichen Kenntnisse entsprechen dem neuesten technischen Stand. Daher hat sie regelmäßig die Einweisung der Auszubildenden und wiederholt die Einarbeitung neuer Mitarbeiter übernommen. Hervorzuheben ist ihre Fähigkeit, sich selbständig neues Wissen anzueignen.

129 Frau NAME hat ihr Fachwissen durch eine intensive Teilnahme an unseren Schulungen sowie an den Trainingsveranstaltungen der Hersteller jederzeit auf dem aktuellen Stand gehalten. Sie verfügt über umfassende und fundierte Fachkenntnisse, die sie immer sehr gut praktisch umgesetzt hat.

130 Frau NAME war eine aufgeschlossene und sehr versierte Mitarbeiterin, die aufgrund ihrer außergewöhnlichen Fachkenntnisse und ihrer vielseitigen Berufserfahrung mit allen Maschinen und Werkstoffen im Arbeitsbereich bestens vertraut war und daher jederzeit flexibel eingesetzt werden konnte.

131 Frau NAME hat in der Zeit vom DATUM bis zum DATUM mit sehr gutem Erfolg eine Zusatzausbildung zum BEZEICHNUNG absolviert.

132 Frau NAME war eine sehr flexible und routinierte Fachfrau, die stets aktiv und mit Energie ihre Weiterbildung entsprechend dem technischen Fortschritt betrieb.

133	Frau NAME war eine sehr sachkundige und überall einsetzbare Mitarbeiterin.
134	Aufgrund ihrer sehr guten praktischen Kenntnisse haben wir ihr empfohlen, den Meisterbrief zu erwerben.
135	Sie hat in Eigeninitiative berufsbegleitend eine Ausbildung zur BEZEICHNUNG-Meisterin durchgeführt und im MONAT JAHR den Meistertitel erworben.
136	Neben ihrer täglichen Arbeit absolvierte Frau NAME einen Kurs in GEBIET und erwarb so für unsere Arbeit sehr wichtige Kenntnisse, die sie an ihre Kollegen weitergab.

Wissen und Weiterbildung bei guter Beurteilung

137	Frau NAME verfügt über eine große Berufserfahrung. Ihre fachlichen Kenntnisse entsprechen dem neuesten technischen Stand. Daher hat sie regelmäßig die Einweisung der Auszubildenden und wiederholt die Einarbeitung neuer Mitarbeiter übernommen.
138	Frau NAME hat ihr Fachwissen durch eine Teilnahme an unseren Schulungen sowie an den Trainingsveranstaltungen der Hersteller auf dem aktuellen Stand gehalten. Sie verfügt über umfassende und fundierte Fachkenntnisse, die sie immer gut praktisch umgesetzt hat.
139	Frau NAME war eine aufgeschlossene und versierte Mitarbeiterin, die aufgrund ihrer guten Fachkenntnisse und ihrer vielseitigen Berufserfahrung mit allen Maschinen und Werkstoffen im Arbeitsbereich gut vertraut war und daher jederzeit flexibel eingesetzt werden konnte.
140	Frau NAME hat in der Zeit vom DATUM bis zum DATUM mit gutem Erfolg eine Zusatzausbildung zur BEZEICHNUNG absolviert.
141	Frau NAME war eine flexible und routinierte Fachfrau, die mit Energie ihre Weiterbildung entsprechend dem technischen Fortschritt betrieb.
142	Frau NAME war eine sachkundige und vielfältig einsetzbare Mitarbeiterin.
143	Aufgrund ihrer guten praktischen Kenntnisse haben wir ihr empfohlen, den Meisterbrief zu erwerben.
144	Hervorzuheben sind auch ihre guten Englischkenntnisse, sodass sie die meist in englischer Sprache verfassten Handbücher für unsere Anlagen und Maschinen lesen und verstehen kann.

Arbeitsweise von Arbeitern und Angestellten
Arbeitsweise bei sehr guter Beurteilung

145	Der Umgang mit den Betriebsmitteln und Materialien war stets in jeder Hinsicht vorbildlich.
146	Ihr Arbeitsstil war stets vorzüglich und sehr zweckmäßig. Sie plante und organisierte ihre Arbeit vorausschauend und arbeitete qualitäts- und kostenbewusst.
147	Ihren Rufbereitschaftsdienst hat sie stets absolut zuverlässig versehen.
148	Frau NAME zeichnete sich stets durch eine selbständige, sehr akkurate und geschickte handwerkliche Arbeitsweise und durch Ordnungssinn aus.
149	Frau NAME arbeitete stets sehr konzentriert, ordentlich und zügig.

150 Frau NAME arbeitete auch bei sehr komplizierten Fällen sowie unter Zeitdruck unbedingt zuverlässig.
151 Sie arbeitete stets sehr eigenständig, fachmännisch, zügig und sauber, sodass es bei ihren Arbeiten nie zu Reklamationen der Kunden kam.

Arbeitsweise bei guter Beurteilung

152 Frau NAME arbeitete sehr routiniert und effizient. Sie erledigte selbständig die Arbeitsvorbereitung und plante den Werkzeug- und Materialbedarf der verschiedenen Aufträge gut.
153 Ihr Arbeitsstil war stets sehr zweckmäßig. Sie arbeitete qualitäts- und kostenbewusst.
154 Frau NAME beachtete die Arbeitssicherheitsvorschriften stets in zuverlässiger Weise und hielt auch andere zur Beachtung der Arbeitssicherheitsvorschriften an.
155 Ihren Rufbereitschaftsdienst hat sie stets zuverlässig versehen.
156 Frau NAME arbeitete sehr konzentriert, ordentlich und zügig.
157 Frau NAME arbeitete auch bei komplizierten Fällen sowie unter Zeitdruck sehr zuverlässig.
158 Sie arbeitete eigenständig, fachmännisch, zügig und sauber, sodass es bei ihren Arbeiten nie zu Reklamationen der Kunden kam.

Arbeitserfolg von Arbeitern und Angestellten
Arbeitserfolg – Arbeitsgüte bei sehr guter Beurteilung

159 Die Arbeitsergebnisse waren, auch bei wechselnden Anforderungen und in sehr schwierigen Fällen, stets von sehr guter Qualität.
160 Die Qualität ihrer Arbeit lag stets sehr weit über dem durchschnittlichen Standard der Arbeitsgruppe.
161 Aufgrund ihrer umsichtigen und sehr effizienten Arbeitsweise erbrachte sie auch in schwierigen Ausnahmesituationen stets eine sehr gute Leistung.
162 Die Arbeitsergebnisse waren, auch bei fachlich sehr schwierigen Arbeiten unter Zeitdruck, stets von vorzüglicher Qualität.
163 Die Qualität ihrer Arbeit war kontinuierlich und ausnahmslos sehr hoch.

Arbeitserfolg – Arbeitsgüte bei guter Beurteilung

164 Die Arbeitsergebnisse waren auch bei wechselnden Anforderungen und in schwierigen Fällen stets von guter Qualität.
165 Die Qualität ihrer Arbeit lag stets deutlich über dem durchschnittlichen Standard der Arbeitsgruppe.
166 Aufgrund ihrer umsichtigen und effizienten Arbeitsweise erbrachte sie auch in Ausnahmesituationen stets eine gute Leistung.
167 Die Arbeitsergebnisse waren, auch bei fachlich schwierigen Arbeiten unter Zeitdruck, stets von guter Qualität.

Arbeitserfolg – Arbeitsmenge und -tempo von Arbeitern und Angestellten

Arbeitserfolg – Arbeitsmenge und -tempo bei sehr guter Beurteilung

168   Arbeitsmenge und Arbeitstempo lagen stets sehr weit über unseren Erwartungen und Anforderungen.

169   Sie war stets außerordentlich intensiv und effektiv bei der Arbeit und übertraf regelmäßig die vereinbarten Ziele.

170   Ihre Arbeitsproduktivität war stets enorm hoch.

Arbeitserfolg – Arbeitsmenge und -tempo bei guter Beurteilung

171   Arbeitsmenge und Arbeitstempo lagen stets über unseren Erwartungen und Anforderungen.

172   Arbeitsmenge und Arbeitstempo lagen stets über dem Durchschnitt.

173   Ihre Arbeitsproduktivität war stets hoch.

Herausragende Erfolge von Arbeitern und Angestellten bei sehr guter oder guter Gesamtbeurteilung

174   Frau NAME reichte mehrere beachtliche Verbesserungsvorschläge ein, die prämiert und erfolgreich eingeführt wurden.

175   Frau NAME hat durch ihren Einsatz und durch ihre Umsicht den Meister / Vorgesetzten sehr wirksam entlastet. Bei Abwesenheit des Meisters / Vorgesetzten leitete sie erfolgreich die Gruppe.

176   Frau NAME war sehr an technischen Neuentwicklungen in unserem Fachgebiet interessiert. Sie übernahm daher stets sehr engagiert und fachmännisch die Erprobung neuer Materialien und neuer Arbeitsmittel.

177   Wir haben Frau NAME schrittweise immer anspruchsvollere Aufgaben übertragen und sie im MONAT JAHR ins Angestelltenverhältnis übernommen.

178   Frau NAME hat das Potenzial, noch anspruchsvollere Aufgaben sowie Führungsaufgaben zu übernehmen.

Zusammenfassende Leistungsbeurteilung bei sehr guter Beurteilung

179   Die ihr übertragenen Arbeiten erledigte sie stets zu unserer vollsten Zufriedenheit.

180   Mit den überzeugenden Leistungen von Frau NAME waren unsere Auftraggeber und wir stets außerordentlich zufrieden.

181   Mit ihrem Fleiß und ihren sehr guten Leistungen waren wir stets höchst zufrieden. Sie war eine unserer besten BERUFSBEZEICHNUNG.

182   Ihre Leistungen übertrafen unsere Anforderungen und Erwartungen während der gesamten Beschäftigungszeit in sehr hohem Maße, sodass wir stets außerordentlich zufrieden waren.

183   Frau NAME erledigte alle ihre Aufgaben, insbesondere auch alle ihr wegen ihrer absoluten Zuverlässigkeit bevorzugt anvertrauten schwierigen Spezialaufträge, in lobenswerter Weise stets zu unserer vollsten Zufriedenheit.

184   Ihre Leistungen und Zielerfüllungen waren während des gesamten Arbeitsverhältnisses sehr gut. Sie war eine vortreffliche Mitarbeiterin.

185 Aufgrund ihrer ausgezeichneten Leistungen und Erfolge waren wir mit ihr stets außerordentlich zufrieden.
186 Sie ist eine erstklassige BERUFSBEZEICHNUNG, die ihre Arbeiten stets zu unserer absoluten Zufriedenheit erledigt hat.

Zusammenfassende Leistungsbeurteilung bei guter Beurteilung

187 Die ihr übertragenen Arbeiten erledigte sie zu unserer vollsten Zufriedenheit.
188 Sie hat als hochqualifizierte und produktive Kraft zu unserer vollsten Zufriedenheit gearbeitet.
189 Frau NAME erledigte alle ihre Aufgaben, insbesondere auch alle ihr wegen ihrer hohen Zuverlässigkeit anvertrauten Spezialaufträge, zu unserer vollsten Zufriedenheit.
190 Die Leistungen von Frau NAME waren immer sehr gut bis gut.

Leistungsbeurteilung von leitenden Angestellten

Arbeitsbereitschaft von leitenden Angestellten

Arbeitsbereitschaft bei sehr guter Beurteilung

191 Frau NAME hatte stets eine bewundernswerte Arbeitsmoral. Sie realisierte sehr aktiv und zielstrebig die Abteilungs- und Unternehmensziele. Sie ist eine im positiven Sinne ambitionierte Mitarbeiterin.
192 Frau NAME identifizierte sich stets in vorbildlicher Weise mit der übernommenen Verantwortung und realisierte energisch und sehr zielstrebig die in Eigeninitiative gesetzten sowie die mit der Geschäftsleitung / dem Beirat / dem Aufsichtsrat / dem Vorgesetzten vereinbarten Abteilungs- und Unternehmensziele / geschäftspolitischen Ziele.
193 Alle Aufgaben führte sie stets mit großem Elan und mit Pflichtbewusstsein aus.
194 Ihr sichtbarer Erfolg liegt begründet in ihrem sehr großen persönlichen Engagement.
195 Sie identifizierte sich absolut mit dem Unternehmen, unseren Produkten und ihrer Aufgabe und stellte persönliche Belange jederzeit zurück. Ihre Arbeitszeit ging deutlich über das übliche Maß hinaus.
196 Sie entwickelte sehr viel Eigeninitiative und engagierte sich mit großer Einsatzfreude, starker Energie und Ausdauer in innovativen Projekten.
197 Sie ist eine Vertrauensperson von hohem betriebswirtschaftlichen Können und ausgeprägtem beruflichen Engagement.

Arbeitsbereitschaft bei guter Beurteilung

198 Frau NAME ist eine dynamische Fach- und Führungskraft, die ihren Bereich stets mit großem Engagement (zielgerecht) geleitet und durch viele Initiativen weiterentwickelt hat.
199 Frau NAME hatte stets eine gute Arbeitsmoral und realisierte zielstrebig die gesetzten Abteilungs- und Unternehmensziele.

200 Frau NAME identifizierte sich stets in guter Weise mit der übernommenen Verantwortung und realisierte zielstrebig die in Eigeninitiative gesetzten sowie die mit der Geschäftsleitung / dem Beirat / dem Aufsichtsrat / dem Vorgesetzten vereinbarten Ziele.

201 Alle Aufgaben führte sie mit großem Elan und mit Pflichtbewusstsein aus.

Arbeitsbefähigung von leitenden Angestellten
Arbeitsbefähigung bei sehr guter Beurteilung

202 Die Fach- und Leitungskompetenz von Frau NAME war stets in jeder Hinsicht sehr gut.

203 Die Anforderungen dieser anspruchsvollen Position bewältigte Frau NAME auch bei stärkstem Arbeitsanfall dank ihrer optimistischen und positiven Grundhaltung und ihrer richtigen Prioritätensetzung stets ausgezeichnet. Auch die starken Belastungen durch häufige Geschäftsreisen bewältigte sie immer sehr gut.

204 Sie verfügte über ein sicheres Urteilsvermögen. Von der ihr eingeräumten und schrittweise erhöhten Kredit- und Konditionenkompetenz hat sie jederzeit verantwortungsvoll, risikobewusst und erfolgreich Gebrauch gemacht.

205 Dank ihrer Intelligenz und ihrer fundierten Ausbildung arbeitete sie sich sehr schnell und erfolgreich in dieses vielseitige und schwierige Aufgabengebiet ein. Sie denkt ganzheitlich und logisch und zieht richtige Schlüsse aus dem vorliegenden Datenmaterial.

206 Sie verband strategisches und konzeptionelles Denken mit praxisgerechten operativen Lösungen, die sie zielstrebig umsetzte.

207 Sie war ein kreativer Gestalter und setzte ihre sehr guten innovativen Ideen konstruktiv in praktische Verbesserungen um.

208 Sie verfügt über ein sehr gutes analytisch-konzeptionelles und zugleich pragmatisches Urteils- und Denkvermögen.

209 Ihre Mitarbeiter hat sie nach Möglichkeit an der Entscheidungsfindung beteiligt. In Zweifelsfällen entschied sie auf der Basis ihrer großen Erfahrung und ihres sicheren Analyse- und Urteilsvermögens allein.

210 Sie hat die Gabe, den Mitarbeitern neue organisatorische Lösungen transparent, überzeugend und nutzenorientiert darstellen zu können.

211 Sie besitzt die Gabe, bei komplexen Fragen intuitiv den Kern des Problems, die entscheidenden Zusammenhänge und die zum Erfolg führenden Lösungswege zu erkennen. Sie denkt bereichsübergreifend sowie markt- und zukunftsorientiert und zeichnet sich durch eine optimistische und motivierende Haltung, Ideenreichtum und eine umsichtige Innovationsbereitschaft aus.

Arbeitsbefähigung bei guter Beurteilung

212 Die Fach- und Leitungskompetenz von Frau NAME war stets in jeder Hinsicht gut.

213 Sie verfügte über ein sicheres Urteilsvermögen. Von der ihr eingeräumten und schrittweise erhöhten Kredit- und Konditionenkompetenz hat sie verantwortungsvoll und risikobewusst erfolgreich Gebrauch gemacht.

214 Sie hat sich in dieses weit gefächerte und komplexe Gebiet in kurzer Zeit gut eingearbeitet, wobei ihr ihre schnelle Auffassungsgabe, ihre systematische Betrachtungsweise, ihr Organisationstalent und ihre Energie sehr zustatten kamen.
215 Sie verband konzeptionelles Denken mit praxisnahen operativen Lösungen, die sie zielstrebig umsetzte.
216 Sie setzte ihre guten innovativen Ideen konstruktiv in praktische Verbesserungen um.
217 Sie verfügt über ein gutes konzeptionelles und strategisches Denkvermögen und einen Sinn für das Machbare.
218 Den Anforderungen und Belastungen ihrer Position war sie immer gut gewachsen. Aufgrund ihrer raschen Auffassungsgabe und ihrer Flexibilität hat sie sich in neue Aufgabenstellungen schnell eingearbeitet. Konzeptionelles Denken verband sie mit praxisnahen operativen Lösungen, die sie zielstrebig realisierte.

Wissen und Weiterbildung von leitenden Angestellten

Wissen und Weiterbildung bei sehr guter Beurteilung

219 Ihr exzellentes Fachwissen und ihre reiche Berufserfahrung sowie ihre Abstraktionsvermögen befähigen sie auch bei komplexen Fragen und in schwierigen Lagen zu selbständigen, durchdachten und realistischen Entscheidungen.
220 Frau NAME hat (auf Fachkongressen / in unserem Branchenverband) vielbeachtete und zum Teil publizierte Vorträge zum Thema BEZEICHNUNG gehalten.
221 Das Unternehmen profitierte in sehr hohem Maße von ihrer langen und reichhaltigen Funktions- und Branchenerfahrung.
222 Frau NAME besitzt ein umfassendes, hervorragendes, jederzeit verfügbares Fachwissen, mit dessen Hilfe sie auch überaus schwierige Fragen sehr erfolgreich löste.
223 Frau NAME verband hervorragende technische Kompetenz mit ausgezeichnetem betriebswirtschaftlichem Sachverstand.
224 Sie gab aufgrund ihrer sehr guten und stets aktuellen Fachkenntnisse und ihrer Energie dem Hause wiederholt wichtige Impulse, die zu wesentlichen Verbesserungen der Geschäftsprozesse führten.
225 Sie besitzt umfassende Fachkenntnisse, eine überdurchschnittliche Auffassungsgabe und die Fähigkeit, in kürzester Zeit optimale Ansätze für Entwicklungsanregungen und Koordinierungsaufgaben zu finden und durchzusetzen.
226 Die Grundkenntnisse der arabischen Sprache, die sich Frau NAME angeeignet hat, trugen wesentlich dazu bei, in den Verhandlungen mit unseren Geschäftspartnern aus dem Vorderen Orient rasch eine vertrauensvolle Atmosphäre zu schaffen.
227 In ihrem Fachgebiet verfügte sie über ein umfassendes und fundiertes Fachwissen, das sie immer sehr nutzbringend bei der Lösung ihrer Aufgaben einsetzte. Dieses Fachwissen hat sie durch verschiedene Weiterbildungsmaßnahmen ausgebaut, vertieft und auf dem neuesten Stand gehalten.

Wissen und Weiterbildung bei guter Beurteilung

228 Ihr gutes Fachwissen und ihre große Berufserfahrung befähigten sie bei speziellen Fragen und in schwierigen Lagen zu durchdachten und realistischen Entscheidungen.

229 Frau NAME hat wiederholt (auf Fachkongressen / in unserem Branchenverband) anerkannte und zum Teil publizierte Fachvorträge gehalten.

230 Das Unternehmen profitierte in hohem Maße von ihrer langen und reichhaltigen Funktions- und Branchenerfahrung.

231 Frau NAME besitzt ein breites, jederzeit verfügbares Fachwissen, mit dessen Hilfe sie auch schwierige Fragen erfolgreich löste.

232 Frau NAME ist eine versierte BEZEICHNUNG mit gutem FACHBEREICH-Wissen.

233 Frau NAME zeichnete sich durch Professionalität aus. Ihre umfangreichen und fundierten Kenntnisse hielt sie durch kontinuierliche Fortbildung stets auf dem neuesten Wissensstand.

Arbeitsweise von leitenden Angestellten

Arbeitsweise bei sehr guter Beurteilung

234 Frau NAME bearbeitete und löste alle Problemstellungen stets sehr selbständig, sorgfältig und systematisch.

235 Frau NAME zeichnete sich (in ihrer Schlüsselfunktion) stets durch einen sehr konzentrierten und effizienten Arbeitsstil aus.

236 Frau NAME war eine äußerst verantwortungsbewusste und zuverlässige Mitarbeiterin. Ihr Arbeitsstil zeichnete sich stets durch eine sehr sorgfältige Planung und durch Systematik und klare Strukturierung aus.

237 Frau NAME war eine äußerst gewissenhafte und selbständig arbeitende Mitarbeiterin, die ihre Aufgaben stets planvoll und systematisch bearbeitete und erledigte.

238 Ihre Arbeitsweise war stets durch Umsicht geprägt. Bei ihren Vorschlägen bedachte sie vorab alle möglichen Fälle, sodass sich ihre Lösungen in der Praxis stets sehr gut bewährten.

239 Sie bereitete Entscheidungen stets sehr gründlich vor, traf sie zum richtigen Zeitpunkt und setzte sie mit Überzeugungskraft und Glaubwürdigkeit um.

Arbeitsweise bei guter Beurteilung

240 Frau NAME zeichnete sich (in ihrer Schlüsselfunktion) stets durch einen konzentrierten und effizienten Arbeitsstil aus.

241 Frau NAME war eine sehr zuverlässige Mitarbeiterin. Ihr Arbeitsstil zeichnete sich durch sorgfältige Planung, Systematik und klare Strukturierung aus.

242 Frau NAME war eine gewissenhafte und selbständig arbeitende Mitarbeiterin, die ihre Aufgaben planvoll und systematisch bearbeitete und erledigte.

243 Ihre Arbeitsweise war stets durch Umsicht geprägt. Bei ihren Vorschlägen bedachte sie vorab mögliche Fälle, sodass sich ihre Lösungen in der Praxis stets gut bewährten.

244 Der Führungs- und Arbeitsstil von Frau NAME war jederzeit in hohem Maße geprägt von Zuverlässigkeit, Systematik, Verantwortungs- und Kostenbewusstsein.

245 Sie bereitete Entscheidungen gründlich vor, traf sie zum richtigen Zeitpunkt und setzte sie mit Überzeugungskraft und Glaubwürdigkeit um.

Arbeitserfolg von leitenden Angestellten
Arbeitserfolg bei sehr guter Beurteilung

246 Frau NAME arbeitete nach klarer, durchdachter eigener Planung und erzielte permanent optimale Lösungen.

247 Aufgrund ihres ausgeprägten Organisations- und Improvisationstalents entwickelte Frau NAME stets sehr gute und kostengünstige Lösungen, die sie mit der erforderlichen Konsequenz und mit Überzeugungsvermögen durchsetzte.

248 Frau NAME erzielte nachweislich stets weit überdurchschnittliche Verkaufserfolge. Bei Außendienstwettbewerben errang sie mehrmals / in ZAHL Jahren ZAHL-mal den Spitzenplatz.

249 Durch ihre zielorientierte und eigenverantwortliche Arbeit hat sie kontinuierlich sehr gute Ergebnisse erzielt.

250 Frau NAME erzielte auch bei Spezialaufgaben und bei Zusatzaufgaben stets sehr gute Lösungen.

251 Die permanent hervorragenden Verkaufsergebnisse und Deckungsbeiträge sowie ihre sichtbaren Erfolge in der Gewinnung von Neukunden und Stammkunden belegen ihr außergewöhnliches Verkaufstalent. Sie schafft es auch im Verkaufsgespräch, schnell eine Vertrauensatmosphäre aufzubauen.

252 Sie löste im Rahmen des Projektes BEZEICHNUNG selbständig eine Reihe von wichtigen Teilaufgaben und hat so optimal und maßgeblich zur Teameffizienz und zum Gesamterfolg des Projektes beigetragen.

253 Sie zeigte bei der Aufgabenerledigung außergewöhnlichen Einsatz und hervorragende Leistungen in qualitativer und quantitativer Hinsicht. Sie hat ihre Eignung für eine noch anspruchsvollere Führungsfunktion bewiesen.

Arbeitserfolg bei guter Beurteilung

254 Frau NAME arbeitete nach klarer, eigener Planung und erzielte stets gute Lösungen.

255 Aufgrund ihres Organisations- und Improvisationstalents entwickelte sie stets gute und kostengünstige Lösungen, die sie mit der erforderlichen Konsequenz umsetzte.

256 Durch ihre zielorientierte und eigenverantwortliche Arbeit hat sie stets gute Ergebnisse erzielt.

257 Frau NAME erzielte auch bei Spezialaufgaben und bei Zusatzaufgaben stets gute Lösungen.

258 Aufgrund ihres beachtlichen Koordinationsvermögens erzielte sie bei den ständig parallel laufenden Projekten stets gute Ergebnisse.

259 Die überdurchschnittlichen Verkaufsergebnisse und Deckungsbeiträge sowie ihre Erfolge in der Gewinnung von Neukunden und Stammkunden belegen ihr gutes Verkaufstalent. Sie schafft es, auch im Verkaufsgespräch schnell eine Vertrauensatmosphäre aufzubauen.

260 Sie löste im Rahmen des Projektes BEZEICHNUNG selbständig eine Reihe von Teilaufgaben und hat so maßgeblich zur Teameffizienz und zum Gesamterfolg des Projektes beigetragen.

Herausragende Erfolge von leitenden Angestellten bei sehr guter oder guter Gesamtbeurteilung

Herausragende Erfolge: Vertrieb, Marketing, Außendienst

261 Frau NAME denkt und handelt unternehmerisch. Sie hat den inländischen Vertrieb und den Export strategisch und operativ auf die Erfordernisse und Chancen der Märkte von morgen ausgerichtet und noch nicht ausgeschöpfte Absatzpotenziale sowie Marktnischen expansiv mit sichtbarem Erfolg erschlossen.

262 Frau NAME führte eine Reihe von Produktinnovationen in den Markt ein. Alle dabei auftretenden absatzpolitischen Fragen, innerbetrieblichen Entwicklungsarbeiten und Koordinierungen bewältigte sie in hervorragender Weise. Diese neuen Produkte / High-Tech-Produkte machen heute bei gutem Ertrag einen beachtlichen Anteil unseres Umsatzes aus.

263 Frau NAME hat mit der Produktgruppe BEZEICHNUNG erfolgreich den BEZEICHNUNG-Markt erschlossen und dem Unternehmen durch diese Diversifizierung neue Möglichkeiten und Perspektiven eröffnet.

264 Frau NAME hat herausragende Erfolge in der Gewinnung von Neukunden und Referenzkunden sowie in der Bindung der Stammkunden erzielt. Das Akquisitionspotenzial des Verkaufsbezirks wurde durch ihr systematisches und beharrliches Vorgehen voll ausgeschöpft.

265 Durch den Aufbau eines leistungsstarken Vertriebs hat Frau NAME unsere einseitige Abhängigkeit von wenigen Großkunden deutlich reduziert. Bereits im ersten Jahr ihrer Tätigkeit als BEZEICHNUNG wurden unsere ehrgeizigen Umsatz- und Ertragsziele übertroffen.

266 Der Erfolg unserer Produkte ist auch den kreativen Werbe- und Promotion-Konzepten von Frau NAME zu verdanken.

Herausragende Erfolge: Projektarbeit, Reorganisation, Verbesserungen

267 Aufgrund ihrer raschen Auffassungsgabe und ihres ausgeprägten analytisch-konzeptionellen Denkvermögens hat sie sich in den wechselnden Beratungsaufträgen bei den Mandanten aus unterschiedlichen Branchen jeweils schnell orientiert, die aufbau- und ablauforganisatorischen Strukturen rasch verstanden, eine systematische Schwachstellensuche und Problemanalyse durchgeführt und stimmige maßgeschneiderte Lösungen entwickelt und implementiert. So hat sie die Erwartungen der Mandanten regelmäßig übertroffen und zur langfristigen Mandantenbindung beigetragen.

268 Frau NAME führte die Umstrukturierung des Unternehmens zu einer Matrixorganisation / Divisionalorganisation / Profitcenter-Organisation zielstrebig, zügig und absolut erfolgreich durch.

269 Frau NAME denkt und handelt unternehmerisch. Sie hat die Restrukturierung des BETRIEBES / der BETRIEBSABTEILUNG gemäß ihrer Konzeption systematisch, konsequent und zeitgerecht realisiert und sich damit als erfolgreiche Saniererin / Turnaround-Managerin profiliert.

270 Neben der Optimierung bestehender Verfahren und Programme hat sie wegweisend und ausschlaggebend an der Neuplanung von BEZEICHNUNG mitgewirkt.

271 Während dieser Zeit arbeitete Frau NAME zur Optimierung der BEZEICHNUNG verschiedene Vorschläge aus, die sofort und mit belegbar sehr gutem Erfolg realisiert werden konnten.

272 Für die Erweiterung unseres Filialnetzes lieferte sie gründliche Analysen, die zu richtigen und von Erfolg gekrönten Entscheidungen führten.

273 Kosteneinsparungspotentiale wurden von ihr zielsicher erkannt und unverzüglich realisiert.

Herausragende Erfolge: Forschung und Entwicklung

274 Frau NAME hat durch eine Reihe von Maßnahmen die Zertifizierung unseres Unternehmens nach der Norm ISO 9001 erreicht.

Herausragende Erfolge: Beschaffung, Produktion und Lagerung

275 Besonders zu würdigen ist das Engagement von Frau NAME in Fragen der Arbeitssicherheit. Sie absolvierte erfolgreich einschlägige Kurse, führte eine Reihe von Verbesserungen ein und kooperierte in unserem Interesse gut mit der Berufsgenossenschaft und der Gewerbeaufsicht.

276 Besonders hervorzuheben ist, dass Frau NAME durch eine Reihe von Einzelmaßnahmen eine beträchtliche Verkürzung der Durchlaufzeiten erreicht hat.

277 Sie hat über viele Jahre hinweg die steigenden Qualitätsanforderungen unserer Kunden durch eine sorgfältige Produktion erfüllt und so unser Prestige und unseren Ruf als absolut zuverlässiger Lieferant gesichert und gestärkt.

278 Frau NAME führte ein normgerechtes Qualitätssicherungssystem entsprechend den DIN ISO-Normen 9000 – 9004 mit Erfolg ein. Durch eine durchdachte Abstimmung unserer Maßnahmen zur Qualitätssicherung sowie durch wiederholt durchgeführte Audits sorgte sie für eine stetige Verbesserung unserer Produkte und Leistungen.

Herausragende Erfolge: Rechnungswesen, Controlling, Revision

279 Durch ihre fachliche und persönliche Eignung als Controllerin hat Frau NAME in unserem Unternehmen eine enorme Steigerung der Datentransparenz und Planungsgenauigkeit erreicht.

280 Dank ihrer ausgeprägten kommunikativen Fähigkeiten und ihres analytischen Denkvermögens hat Frau NAME die sozialkommunikative Weitergabe und Umsetzung von betriebswirtschaftlich relevanten Daten über alle Stufen des Managements ermöglicht, und so ein unternehmensweit offenes Klima geschaffen.

281 Bei der Mitarbeit in unserem Projektteam, welches für die Einführung der integrierten Software BEZEICHNUNG unternehmensübergreifend gebildet wurde, hat Frau NAME durch ihre fachlich ausgezeichnete betriebswirtschaftliche Unterstützung maßgeblich dazu beigetragen, dass das Projekt termingerecht und sicher abgeschlossen werden konnte.

Herausragende Erfolge: Beförderung und Förderungswürdigkeit

282 Aufgrund ihrer fachlichen Qualifikation und sichtbaren Erfolge sowie der allgemeinen Persönlichkeitsvoraussetzungen haben wir Frau NAME mit Wirkung vom DATUM die Position des BEZEICHNUNG im Geschäftsbereich BEZEICHNUNG anvertraut.

283 Frau NAME beherrscht die englische und die BEZEICHNUNG Sprache verhandlungssicher. Darüber hinaus verfügt sie über gute arbeitsfähige Kenntnisse der BEZEICHNUNG Sprache. In andere Kulturen, Wertesysteme und Mentalitäten denkt und fühlt sie sich rasch ein. Sie ist daher für Managementpositionen mit internationalem Bezug bestens geeignet.

Herausragende Erfolge: Erweiterung von Kompetenzen

284 In Anerkennung ihrer beständig sehr guten Leistungen und sichtbaren Erfolge erteilten wir Frau NAME im MONAT JAHR Handlungsvollmacht für BEREICH.

Herausragende Erfolge: Verschiedene Erfolge

285 Frau NAME hat maßgeblich dazu beigetragen, dass die FIRMA heute eine tragende Säule / ein bedeutsames Profitcenter der Unternehmensgruppe ist.

286 Frau NAME hat den schwierigen Auftrag der Unternehmensauflösung optimal und mit positiver Schlussbilanz realisiert. Dabei wurden die wirtschaftlichen Interessen der Eigentümer und die sozialen Belange der Mitarbeiter in vorbildlicher Weise berücksichtigt.

287 Ihre überzeugenden Referate auf nationalen und internationalen Fachkongressen sowie ihre Publikationen haben maßgeblich dazu beigetragen, dass unser Unternehmen auf dem Gebiet BEZEICHNUNG als technisch führender Anbieter anerkannt ist.

Führungsleistung von leitenden Angestellten

Führungsleistung – Führungsumstände von leitenden Angestellten

288 Frau NAME verfügt über eine langjährige Führungserfahrung.

289 Sie hat ihren Bereich zweckmäßig und übersichtlich organisiert. Die Aufgaben ihrer Mitarbeiter sind klar voneinander abgegrenzt und in Stellenbeschreibungen dokumentiert.

Führungsleistung – Führungserfolg von leitenden Angestellten

Führungsleistung – Führungserfolg bei sehr guter Beurteilung

290 Ihren Mitarbeitern ist sie immer mit bestem Beispiel vorangegangen. Sie motivierte sie durch eine ergebnis- und personenbezogene Führung zu vollem Einsatz und stets zu sehr guten Leistungen.

291 Frau NAME war eine geradlinige und zugleich geachtete und engagierte Vorgesetzte. Sie verstand es jederzeit ausgezeichnet, Teamgeist zu wecken und durch Feedback und laufende Verbesserungen im Arbeitsprozess die Effektivität ihrer Abteilung beständig zu steigern.

292 Als Führungskraft wirkte Frau NAME sehr integrierend. Aus heterogenen Mitarbeitergruppen formte sie ein sehr effizientes und kollegiales Team. Durch ihr vorbildliches Engagement erzeugte sie ein positives und konstruktives Arbeitsklima.

293 Ihren Mitarbeitern hat sie stets eine vorbildliche Arbeitshaltung vorgelebt. Sie verstand es hervorragend, die Mitarbeiter zu überzeugen und ihre Zusammenarbeit aktiv zu fördern. Sie informierte die Mitarbeiter stets umfassend, förderte deren Weiterbildung und delegierte Aufgaben und Verantwortung und erreichte so stets ein hohes Abteilungsergebnis.

294 Frau NAME war aufgrund ihrer Führungsqualitäten als Vorgesetzte anerkannt und beliebt. Sie verhielt sich dem Personal gegenüber stets aufgeschlossen und kooperativ, verstand es aber auch, sich auch in schwierigen Situationen mit der erforderlichen Konsequenz durchzusetzen und die Mitarbeiter durch Feedback zu optimalem Arbeitseinsatz zu führen.

295 Frau NAME war ihren Mitarbeitern stets ein anerkanntes Vorbild. Durch ihren zielgerichteten, sachlichen und integrativen Führungsstil erreichte sie eine außergewöhnliche Leistungssteigerung auf anhaltend hohem Niveau und ein sehr gutes Abteilungsklima.

296 Frau NAME war für die Mitarbeiter aller Altersstufen eine sehr gute Vorgesetzte. Sie hat ihre Arbeitsgruppe zu einem dynamischen, sehr effizienten und harmonischen Team entwickelt.

297 In ihrer Abteilung herrschte jederzeit eine offene und kreative Arbeitsatmosphäre. Sie delegierte angemessen Aufgaben, Kompetenzen und Verantwortung und förderte so die Selbständigkeit ihre Mitarbeiter. Innovationen wurden von ihr und ihrem Team immer aktiv unterstützt.

298 Durch ihre vorbildliche und begeisternde Führung verwirklichte sie das Verlangen ihrer Mitarbeiterinnen und Mitarbeiter nach kreativer Arbeit und nach Anerkennung. Das Unternehmen profitierte davon durch eine hohe Arbeitsmoral der Gruppe.

299 Ihr großes psychologisches Geschick, insbesondere in der Menschenführung, und ihr situationsgerechtes und wirkungsvolles Führungsverhalten ermöglichten es ihr, alle ihr anvertrauten Projekte und Teilprojekte auch in schwierigen Phasen so zu steuern, dass sowohl ihr sehr gutes Verhältnis zu den Mitarbeitern erhalten blieb als auch ein außergewöhnlich gutes Ergebnis erreicht wurde.

Führungsleistung – Führungserfolg bei guter Beurteilung

300 Ihren Mitarbeitern ist sie mit gutem Beispiel vorangegangen. Sie motivierte sie durch eine ergebnis- und personenbezogene Führung stets zu guten Leistungen.

301 Als Projektleiterin bewies sie bei der Realisierung der gemeinsam mit einer externen Unternehmensberatung erarbeiteten Vorschläge Organisationstalent und psychologisches Geschick, sodass die Innovationen im Management und bei den Mitarbeitern hohe Zustimmung fanden.

302 Frau NAME überzeugte ihre Mitarbeiter und förderte die Zusammenarbeit. Sie informierte ihr Team, regte Weiterbildung an und delegierte Aufgaben und Verantwortung und erreichte so ein hohes Abteilungsergebnis.

303 Frau NAME war ihren Mitarbeitern stets ein Vorbild. Durch ihren zielgerichteten, sachlichen und integrativen Führungsstil erreichte sie eine beachtliche Leistungssteigerung auf anhaltend hohem Niveau und ein gutes Abteilungsklima.

304 Frau NAME war für die Mitarbeiter aller Altersstufen eine gute Vorgesetzte. Sie hat ihre Arbeitsgruppe zu einem effizienten und harmonischen Team entwickelt.

305 Frau NAME verfügt über gute Führungseigenschaften. Sie führte ihre Mitarbeiter zu hohen Leistungen. Aufgaben und Verantwortung delegierte sie zielgerichtet.

306 Sie sorgte systematisch für einen hohen Kenntnisstand und eine gute Motivation ihrer Mitarbeiter. So schuf sie die Voraussetzung für eine hohe Mitarbeiterleistung und ein gutes Betriebsklima.

Zusammenfassende Leistungsbeurteilung von leitenden Angestellten

Zusammenfassende Leistungsbeurteilung bei sehr guter Beurteilung

307 Sie hat die Leitungs- und Fachaufgaben ihrer exponierten Position stets zu unserer vollsten Zufriedenheit realisiert und unseren Anforderungen und Erwartungen in jeder Hinsicht optimal entsprochen.

308 Frau NAME hat ihren kontinuierlich gewachsenen Verantwortungsbereich stets zu unserer vollsten Zufriedenheit geleitet und unseren Anforderungen und Erwartungen in jeder Hinsicht in allerbester Weise entsprochen.

309 Frau NAME erledigte ihre Fachaufgaben stets zu unserer vollsten Zufriedenheit.

310 Durch ihre überragenden Leistungen hat Frau NAME das in sie gesetzte Vertrauen stets zu unserer vollsten Zufriedenheit erfüllt. Sie besitzt das Potenzial für einen weiteren beruflichen Aufstieg.

311 Frau NAME übertraf die Anforderungen der Position und unsere Erwartungen in sehr hohem Maße, sodass wir mit ihren Leistungen stets außerordentlich zufrieden waren.

312 Die Leistungen von Frau NAME verdienten stets in jeder Hinsicht unsere höchste Anerkennung. Sie war die ideale Mitarbeiterin für diese (exponierte) Position.

313 Aufgrund ihrer außergewöhnlichen / überragenden / einmaligen / exzellenten / überzeugenden / bewundernswerten Leistungen und Erfolge waren wir mit ihr stets außerordentlich zufrieden.

Zusammenfassende Leistungsbeurteilung bei guter Beurteilung

314 Sie hat die Aufgaben ihrer Position zu unserer vollsten Zufriedenheit erledigt und unseren Anforderungen und Erwartungen in jeder Hinsicht gut entsprochen.

315 Sie hat ihre Aufgaben zu unserer vollsten Zufriedenheit erfüllt und unseren Anforderungen und Erwartungen in jeder Hinsicht gut entsprochen.

316 Frau NAME hat ihren Verantwortungsbereich zu unserer vollsten Zufriedenheit geleitet und unseren Erwartungen in jeder Hinsicht gut entsprochen.

317 Frau NAME erledigte ihre Fachaufgaben zu unserer vollsten Zufriedenheit.

318 Durch ihre Leistungen hat Frau NAME das in sie gesetzte Vertrauen zu unserer vollsten Zufriedenheit erfüllt.

319 Aufgrund ihrer hohen Arbeitsbereitschaft und ihrer hervorragenden fachlichen Fähigkeiten sowie ihres sorgfältigen und effizienten Managements erzielte sie sehr gute Erfolge. Sie hat ihren Bereich jederzeit zur vollsten Zufriedenheit der Geschäftsführung geleitet.

320 Frau NAME übertraf die Anforderungen der Position und unsere Erwartungen in hohem Maße, sodass wir mit ihren Leistungen vollsten zufrieden waren.

321 Die Leistungen von Frau NAME verdienten unsere vollste Anerkennung.

322 Die Leistungen von Frau NAME waren immer sehr gut bis gut.

Leistung und besondere fachliche Fähigkeiten von Auszubildenden

Ausbildungsbereitschaft von Auszubildenden

Ausbildungsbereitschaft bei sehr guter Beurteilung

323 Sie hat sich stets sehr gut für die Erreichung der Ausbildungsziele eingesetzt.
324 Frau NAME hat von der ihr gebotenen Möglichkeit, sich mit allen Arbeiten und betrieblichen Zusammenhängen und Wechselwirkungen vertraut zu machen, stets sehr rege und nutzvoll Gebrauch gemacht.
325 Frau NAME interessierte sich in höchstem Maße für alle Ausbildungsinhalte und war stets sehr gut motiviert.
326 Sie folgte der praktischen und theoretischen Ausbildung hinsichtlich aller Gebiete jederzeit mit sehr großem und regem Interesse.

Ausbildungsbereitschaft bei guter Beurteilung

327 Frau NAME hat von Anfang an ihre Berufsausbildung mit starkem Engagement und großem Interesse betrieben.
328 Sie hat sich stets gut für die Erreichung der Ausbildungsziele eingesetzt.
329 Frau NAME hat von der ihr gebotenen Möglichkeit, sich mit allen Arbeiten und betrieblichen Zusammenhängen vertraut zu machen, stets rege und nutzvoll Gebrauch gemacht.
330 Frau NAME zeichnete sich durch eine jederzeit hohe Lernbereitschaft aus.
331 Sie folgte der praktischen und theoretischen Ausbildung jederzeit mit großem Interesse.
332 Sie hat sich mit enormem Fleiß und großer Beständigkeit um ihre Ausbildung gekümmert.

Ausbildungsbefähigung von Auszubildenden

Ausbildungsbefähigung bei sehr guter Beurteilung

333 Sie hatte schon unseren Auswahltest hervorragend bestanden. Ihre Ausbildungsbefähigung war stets sehr gut.
334 Sie zeigte bei allen Ausbildungsinhalten eine ausgezeichnete Auffassungsgabe.
335 Sie war den Beanspruchungen und Belastungen, welche die praktische Tätigkeit im Berufsfeld BEZEICHNUNG mit sich bringt, jederzeit sehr gut gewachsen.

Ausbildungsbefähigung bei guter Beurteilung

336 Sie hatte schon unseren Auswahltest gut bestanden. Ihre Ausbildungsbefähigung war stets gut.
337 Sie zeigte bei allen Ausbildungsinhalten eine gute Auffassungsgabe.
338 Sie war den Beanspruchungen und Belastungen, welche die praktische Tätigkeit im Berufsfeld BEZEICHNUNG mit sich bringt, jederzeit gut gewachsen.

Fertigkeiten und Kenntnisse von Auszubildenden

Fertigkeiten und Kenntnisse bei sehr guter Beurteilung

339   Frau NAME hat sich mit sehr gutem Erfolg alle Fertigkeiten und Kenntnisse einer BERUFSBEZEICHNUNG angeeignet.

340   Frau NAME beherrscht alle Fertigkeiten und Kenntnisse einer AUSBILDUNGSBERUF sehr gut. Hervorzuheben ist ihre Fähigkeit zum selbständigen Lernen.

Fertigkeiten und Kenntnisse bei guter Beurteilung

341   Frau NAME hat sich mit gutem Erfolg alle Fertigkeiten und Kenntnisse einer BERUFSBEZEICHNUNG angeeignet. (Auch an den abendlichen Weiterbildungsveranstaltungen in unserem Hause hat sie oft mit großem Interesse teilgenommen.)

342   Frau NAME beherrscht alle Fertigkeiten und Kenntnisse einer AUSBILDUNGSBERUF gut.

Lern- und Arbeitsweise von Auszubildenden

Lern- und Arbeitsweise bei sehr guter Beurteilung

343   Ihre Lern- und Arbeitsweise war stets sehr gut.

344   Frau NAME wurde von allen Ausbildungsabteilungen wegen ihrer zuverlässigen und gründlichen Lern- und Arbeitsweise und ihrer entlastenden Mitarbeit sehr geschätzt.

345   Praktische Arbeiten verrichtete Frau NAME stets in sehr guter Qualität, sorgfältig und dennoch zügig.

346   Frau NAME hat alle ihr übertragenen praktischen Arbeiten im jeweiligen Einsatzbereich mit wachsender Selbständigkeit stets sehr gut erledigt.

Lernweise und Arbeitsweise bei guter Beurteilung

347   Ihre Lern- und Arbeitsweise war stets gut.

348   Praktische Arbeiten verrichtete Frau NAME stets in guter Qualität, sorgfältig und dennoch zügig.

349   Frau NAME hat alle ihr übertragenen praktischen Arbeiten im jeweiligen Einsatzbereich mit zunehmender Selbständigkeit stets gut erledigt.

Arbeitserfolg bei Auszubildenden

Arbeitserfolg bei sehr guter Beurteilung

350   Frau NAME erledigte die ihr im Rahmen der Ausbildung übertragenen Aufgaben quantitativ und qualitativ stets sehr gut.

351   Die Arbeitsergebnisse waren, auch bei gesteigerten Anforderungen, stets von sehr guter Qualität.

Arbeitserfolg bei guter Beurteilung

352 Frau NAME erledigte die ihr im Rahmen der Ausbildung übertragenen Aufgaben quantitativ und qualitativ zu unserer vollsten Zufriedenheit.

353 Die Arbeitsergebnisse waren, auch bei gesteigerten Anforderungen, stets von guter Qualität.

Besondere fachliche Fähigkeiten von Auszubildenden bei sehr guter oder guter Gesamtbeurteilung

354 Schon während der Ausbildungszeit hat sie durch ihren Einsatz und durch ihre Leistung auf sich aufmerksam gemacht. In der Abteilung BEZEICHNUNG erledigte sie vollkommen selbständig folgende für einen Auszubildenden schwierigen Arbeiten: AUFZÄHLUNG.

355 Frau NAME hat sich schon in ihrer Ausbildungszeit fachliche Fähigkeiten angeeignet, die deutlich über das Ausbildungsziel hinausgehen. Zum Ende der Ausbildung konnte sie als vollwertige Mitarbeiterin eingesetzt werden.

356 Frau NAME hat ihre Ausbildungszeit optimal genutzt. Sie hat sich ein über das Ausbildungsziel hinausgehendes, sehr gutes berufliches Wissen angeeignet. Besonders hervorzuheben ist, dass sie abteilungsübergreifende Zusammenhänge und Wechselwirkungen selbständig erkannte.

Zusammenfassende Leistungsbeurteilung von Auszubildenden

Zusammenfassende Leistungsbeurteilung bei sehr guter Beurteilung

357 Frau NAME hat stets zu unserer vollsten Zufriedenheit gelernt und gearbeitet.

358 Frau NAME wendete alle erlernten Fertigkeiten und Kenntnisse mit sehr großem Erfolg an. Daher waren wir stets außerordentlich zufrieden.

359 Die Lern- und Arbeitsleistungen von Frau NAME waren stets sehr gut.

360 Frau NAME erledigte alle Aufgaben äußerst sorgfältig, gewissenhaft und rasch und somit stets zu unserer vollsten Zufriedenheit.

Zusammenfassende Leistungsbeurteilung bei guter Beurteilung

361 Frau NAME hat zu unserer vollsten Zufriedenheit gelernt und gearbeitet.

362 Frau NAME wendete alle erlernten Fertigkeiten und Kenntnisse mit großem Erfolg an. Daher waren wir vollstens zufrieden.

363 Frau NAME hat während der gesamten Ausbildungszeit unsere Erwartungen in jeder Hinsicht und in guter Weise erfüllt.

364 Die Lern- und Arbeitsleistungen von Frau NAME waren stets gut.

365 Frau NAME erledigte alle Aufgaben sehr sorgfältig, gewissenhaft und rasch und somit zu unserer vollsten Zufriedenheit.

366 Die Leistungen von Frau NAME waren immer sehr gut bis gut.

Leistungsbeurteilung von Praktikanten und Volontären

Lern- und Arbeitsbereitschaft von Praktikanten und Volontären

Lern- und Arbeitsbereitschaft bei sehr guter Beurteilung

367 Frau NAME zeichnete sich stets durch eine sehr gute Lern- und Arbeitsmotivation aus.
368 Frau NAME hat von der ihr gebotenen Möglichkeit, sich mit allen Arbeiten in der Abteilung BEZEICHNUNG und in der Abteilung BEZEICHNUNG und den betrieblichen Zusammenhängen und Wechselwirkungen vertraut zu machen, stets sehr intensiv Gebrauch gemacht.
369 Frau NAME interessierte sich in höchstem Maße für alle praktischen Lernmöglichkeiten und war stets sehr gut motiviert.
370 Sie hat sich mit viel Initiative und sehr beachtlichem Engagement in die für sie neue Materie eingearbeitet.

Lern- und Arbeitsbereitschaft bei guter Beurteilung

371 Frau NAME zeigte als Praktikantin / Volontärin stets viel Initiative, Fleiß und Leistungswillen.
372 Frau NAME zeichnete sich stets durch eine gute Lern- und Arbeitsmotivation aus.
373 Frau NAME hat von der ihr gebotenen Möglichkeit, sich mit allen Arbeiten in der Abteilung BEZEICHNUNG und in der Abteilung BEZEICHNUNG und den betrieblichen Zusammenhängen vertraut zu machen, stets intensiv Gebrauch gemacht.
374 Frau NAME interessierte sich in hohem Maße für alle praktischen Lernmöglichkeiten und war stets gut motiviert.

Lern- und Arbeitsbefähigung von Praktikanten und Volontären

Lern- und Arbeitsbefähigung bei sehr guter Beurteilung

375 In den verschiedenen Einsatzabteilungen fand sie sich stets sehr gut zurecht.
376 Sie verfügt über eine ausgezeichnete Auffassungsgabe. Sie kam auch mit allen schwierigen Aufgaben sehr gut zurecht.
377 Sie bewies bei allen Aufgaben ein sehr gutes Analyse- und Urteilsvermögen.

Lern- und Arbeitsbefähigung bei guter Beurteilung

378 In den verschiedenen Einsatzabteilungen fand sie sich stets gut zurecht.
379 Sie verfügt über eine gute Auffassungsgabe. Sie kam auch mit schwierigen Aufgaben jedes Mal gut zurecht.
380 Sie bewies bei allen Aufgaben ein gutes Analyse- und Urteilsvermögen.

Wissen von Praktikanten und Volontären
Wissen bei sehr guter Beurteilung

381 Frau NAME hat ihre sehr guten theoretischen Kenntnisse während des Praktikums hervorragend praktisch umgesetzt. Besonders hervorzuheben ist ihre Fähigkeit, sich selbständig neues Wissen anzueignen.

382 Frau NAME verfügt aufgrund ihres Studiums und des Praktikums über sehr gute Kenntnisse im Bereich BEZEICHNUNG.

383 Dank ihrer sehr guten Auffassungsgabe und ihres enormen Einsatzes hat sie sich in kürzester Zeit sehr gute praktische Kenntnisse angeeignet.

384 Erwähnenswert sind im Bereich der Informatik ihre sehr guten und aktuellen Kenntnisse hinsichtlich der GEBIETE / PROGRAMME.

385 Die BEZEICHNUNG Sprache beherrscht sie in Wort und Schrift sehr gut. So hat sie BEISPIEL.

Wissen bei guter Beurteilung

386 Frau NAME hat ihre sehr guten theoretischen Kenntnisse gut praktisch umgesetzt.

387 Frau NAME verfügt aufgrund ihres Studiums und des Praktikums über gute Kenntnisse im Bereich BEZEICHNUNG.

388 Dank ihrer guten Auffassungsaufgabe und ihres Einsatzes hat sie sich in kurzer Zeit gute praktische Kenntnisse aneignet.

389 Erwähnenswert sind im Bereich der Informatik ihre guten und aktuellen Kenntnisse hinsichtlich der GEBIETE / PROGRAMME.

390 Die BEZEICHNUNG Sprache beherrscht sie in Wort und Schrift gut. So hat sie BEISPIEL.

Lern- und Arbeitsweise von Praktikanten und Volontären
Lern- und Arbeitsweise bei sehr guter Beurteilung

391 Wir lernten sie als zuverlässige Praktikantin schätzen. Ihre Lern- und Arbeitsweise war stets sehr gut.

392 Frau NAME war eine äußerst gewissenhaft und selbständig arbeitende Praktikantin / Volontärin, welche die ihr übertragenen Aufgaben stets planvoll und systematisch bearbeitete.

393 Die ihr übertragenen Aufgaben erledigte sie stets mit äußerster Sorgfalt und größter Genauigkeit.

394 Wir lernten Frau NAME als eine sehr gewissenhafte, zuverlässige und sorgfältige Praktikantin kennen und schätzen.

Lern- und Arbeitsweise bei guter Beurteilung

395 Ihre Lern- und Arbeitsweise war stets gut.

396 Frau NAME war eine gewissenhaft und selbständig arbeitende Praktikantin / Volontärin, welche die ihr übertragenen Aufgaben planvoll und systematisch bearbeitete.

397 Die ihr übertragenen Aufgaben erledigte sie stets mit Sorgfalt und Genauigkeit.

Lern- und Arbeitserfolg von Praktikanten und Volontären

Lern- und Arbeitserfolg bei sehr guter Beurteilung

398 Frau NAME hat die gebotenen Möglichkeiten in jeder Hinsicht in hervorragender Weise für ihre praktische Ausbildung genutzt. Sie hat die mit dem Praktikum verbundenen Lernziele absolut erreicht.

399 Mit ihrer Arbeit waren wir in qualitativer und quantitativer Hinsicht jederzeit außerordentlich zufrieden. Sie löste auch schwierige Aufgaben, die wir ihr zu selbständigen Erledigung übertrugen, sehr gut.

Lern- und Arbeitserfolg bei guter Beurteilung

400 Frau NAME hat die mit ihrem Praktikum / Volontariat verbundenen Lernziele gut erreicht.

401 Mit ihrer Arbeit waren wir in qualitativer und quantitativer Hinsicht stets sehr zufrieden. Sie löste auch schwierige Aufgaben, die wir ihr zu selbständigen Erledigung übertrugen, gut.

Herausragende Erfolge von Praktikanten und Volontären bei sehr guter oder guter Gesamtbeurteilung

402 Während ihres Praxissemesters entwickelte Frau NAME ein leistungsstarkes und benutzerfreundliches EDV-Programm für BEZEICHNUNG, das vollkommen fehlerfrei läuft.

403 Während ihres Praktikums erarbeitete Frau NAME eine Lösung für das Problem des BEZEICHNUNG, die wir erfolgreich einführten / die wir einführen werden. Außerdem hat sie unser BEZEICHNUNG überarbeitet und aktualisiert.

404 All dies befähigte Frau NAME in weit überdurchschnittlichem Maße, schnell und sorgfältig eigenständige Beiträge zur Problemlösung zu erbringen.

Zusammenfassende Leistungsbeurteilung von Praktikanten und Volontären

Zusammenfassende Leistungsbeurteilung bei sehr guter Beurteilung

405 Die ihr übertragenen Arbeiten erledigte sie stets zu unserer vollsten Zufriedenheit.

406 Ihre Leistungen und Zielerreichungen haben in jeder Hinsicht und in allerbester Weise unseren Erwartungen an Praktikanten / Volontären entsprochen.

Zusammenfassende Leistungsbeurteilung bei guter Beurteilung

407 Die ihr übertragenen Arbeiten erledigte sie zu unserer vollsten Zufriedenheit.

408 Ihre Leistungen und Zielerreichungen haben in jeder Hinsicht und in bester Weise unseren Erwartungen an Praktikanten / Volontären entsprochen.

409 Ihre Leistungen waren immer sehr gut bis gut.

Sozialverhalten
Sozialverhalten von Arbeitern und Angestellten
Sozialverhalten von Arbeitern und Angestellten gegenüber Internen
Sozialverhalten gegenüber Internen bei sehr guter Beurteilung

410 Ihr Verhalten gegenüber Vorgesetzten und Kollegen war stets vorbildlich.

411 Ihr Verhalten gegenüber Vorgesetzten und Kollegen war immer mustergültig. Wegen ihres Fachwissens und ihrer Hilfsbereitschaft übertrugen wir ihr regelmäßig die Einarbeitung neuer Mitarbeiter.

412 Frau NAME wurde von Vorgesetzten und Kollegen als fleißige und freundliche Mitarbeiterin allzeit sehr geschätzt.

413 Das Verhalten von Frau NAME gegenüber Vorgesetzten und Kollegen war jederzeit vorbildlich. Sie war als BEZEICHNUNG in allen Abteilungen unseres Hauses wegen ihres Einsatzes und ihrer freundlichen Hilfsbereitschaft stets sehr beliebt.

Sozialverhalten gegenüber Internen bei guter Beurteilung

414 Ihr kollegiales und ausgleichendes Wesen sicherte ihr stets ein gutes Verhältnis zu Vorgesetzten und Mitarbeitern.

415 Frau NAME wurde von Vorgesetzten und Kollegen als fleißige und freundliche Mitarbeiterin geschätzt.

416 Das Verhalten von Frau NAME gegenüber Vorgesetzten und Kollegen war einwandfrei. Sie war als BEZEICHNUNG in allen Abteilungen unseres Hauses wegen ihres Einsatzes und ihrer freundlichen Hilfsbereitschaft sehr beliebt.

Sozialverhalten von Arbeitern und Angestellten gegenüber Externen
Sozialverhalten gegenüber Externen bei sehr guter Beurteilung

417 Auch ihr Verhalten gegenüber den Auftraggebern / Kunden / Bauherren / Fahrgästen war stets sehr gut.

418 Frau NAME ist als BEZEICHNUNG mit unseren Kunden aufgrund ihrer sachlichen und freundlichen Art und ihrer absolut serviceorientierten Haltung stets sehr gut zurechtgekommen.

419 Von Besuchern und Anrufern wurde sie wegen ihres Engagements und ihrer Zuvorkommenheit stets sehr geschätzt und oft gelobt.

420 Auch mit den im Service-Falle häufig schwierigen Kunden ist sie stets sehr gut zurechtgekommen.

Sozialverhalten gegenüber Externen bei guter Beurteilung

421 Auch ihr Verhalten gegenüber den Auftraggebern / Kunden / Bauherren / Fahrgästen war stets gut.

422 Frau NAME ist als BEZEICHNUNGN mit unseren Kunden aufgrund ihrer sachlichen und freundlichen Art und ihrer serviceorientierten Haltung stets gut zurechtgekommen.

423 Von Besuchern und Anrufern wurde sie wegen ihres Engagements und ihrer Zuvorkommenheit sehr geschätzt.

424 Auch mit den im Service-Falle häufig schwierigen Kunden ist sie stets gut zurechtgekommen.

Sozialverhalten – sonstiges Verhalten bei Arbeitern und Angestellten

Sonstiges Verhalten bei sehr guter Beurteilung

425 Sie fügte sich stets sehr gut in die wechselnden Arbeitsteams / Baustellengruppen ein.

426 Mit ihren Umgangsformen waren wir stets außerordentlich zufrieden.

427 Sie trug stets absolut korrekte Dienstkleidung.

428 Frau NAME hat ihre Kollegen in schwierigen Fällen jederzeit mit ihrem sehr guten Fachwissen unterstützt.

429 Frau NAME war eine ausgeglichene und teamorientierte Mitarbeiterin, die auch mit schwierigen Kollegen stets sehr gut zurechtgekommen ist.

430 Ihre freundliche und positive Grundhaltung wirkte in der Arbeitsgruppe beispielgebend und hat sehr zu unserem guten Betriebsklima beigetragen.

Sonstiges Verhalten bei guter Beurteilung

431 Sie fügte sich stets gut in die wechselnden Arbeitsteams / Baustellengruppen ein.

432 Sie ist eine teamorientierte Mitarbeiterin. Die Betriebsordnung hat sie stets gut eingehalten.

433 Frau NAME hat ihre Kollegen in schwierigen Fällen mit ihrem sehr guten Fachwissen unterstützt.

434 Frau NAME war eine ausgeglichene und teamorientierte Mitarbeiterin, die auch mit schwierigen Kollegen stets gut zurechtgekommen ist.

435 Erwähnenswert ist auch ihr pädagogisches Geschick. Unsere Auszubildenden haben stets gern mit ihr zusammengearbeitet.

436 Ihre freundliche und positive Grundhaltung wirkte in der Arbeitsgruppe beispielgebend und hat zu unserem guten Betriebsklima beigetragen.

Sozialverhalten von leitenden Angestellten

Sozialverhalten von leitenden Angestellten gegenüber Internen

Sozialverhalten gegenüber Internen bei sehr guter Beurteilung

437 Ihr Verhalten gegenüber Vorgesetzten, Kollegen und Mitarbeitern war stets vorbildlich.

438 Ihre Kooperation mit Vorgesetzten, Kollegen und Mitarbeitern war stets sehr gut. Sie lebte den in unserem Hause gewünschten Partnerschafts- und Netzwerkgedanken aktiv vor.

439 Durch ihre hohe fachliche Leistung und durch ihre überzeugende Persönlichkeit erwarb sie sich die Anerkennung und Wertschätzung ihrer Vorgesetzten und Kollegen und ihres Mitarbeiterstabes.

440 Beim Management und bei den Mitarbeitern war sie wegen ihres ressortübergreifenden Denkens, ihrer Objektivität und ihrer sympathischen Ausstrahlung stets sehr anerkannt, geschätzt und beliebt.

441 Ihr ausgeglichenes, aber bestimmtes Wesen sicherte ihr stets ein sehr gutes und harmonisches Verhältnis zu Vorgesetzten, Kollegen und Mitarbeitern.

442 Ihr Verhältnis zu Vorgesetzten, Kollegen und Mitarbeitern war stets vorbildlich. Hervorzuheben sind ihre Teamorientiertheit und ihr ausgezeichnetes Gespür für den Umgang mit Mitarbeiterinnen und Mitarbeitern aller Ebenen.

443 Ihr Verhältnis zur Geschäftsleitung, ihre Einbindung im Managementkollegium und ihr offener Umgang mit den Mitarbeitern waren stets vorbildlich. Die bereichsübergreifende Kooperation wurde von ihr in sehr positiver Weise mitgeprägt.

444 Durch ihre fachliche und menschlich überzeugende Persönlichkeit erwarb sie sich die Anerkennung der Geschäftsleitung und der Managementkollegen und der Mitarbeiter. Für alle Mitglieder des Vorstandes / der Geschäftsführung war sie stets, auch über Fragen ihres Fachgebietes hinaus, eine gesuchte und respektierte Gesprächspartnerin.

445 Ihr Verhältnis zur Geschäftsleitung, zu den Führungskräften und Mitarbeitern und Mitarbeiterinnen war jederzeit vorbildlich. Sie besitzt als Personalleiterin die erforderliche Menschenkenntnis und Sensibilität für den Umgang mit Gesprächs- und Verhandlungspartnern unterschiedlicher Mentalität und verschiedener hierarchischer Ebenen. Als fachlich und menschlich kompetente und stabile Persönlichkeit hat sie die in der Personalarbeit zwangsläufig zu Tage tretenden Probleme und Interessengegensätze mit Argumentations- und Überzeugungskraft und mit diplomatischem Geschick gelöst. So verstand sie es, soziale Verantwortung mit erfolgreicher Personalarbeit zu verbinden.

Sozialverhalten gegenüber Internen bei guter Beurteilung

446 Ihre Kooperation mit Vorgesetzten, Kollegen und Mitarbeitern war stets gut. Sie lebte den in unserem Hause gewünschten Partnerschafts- und Netzwerkgedanken vor.

447 Durch ihre hohe fachliche Leistung und durch ihre Persönlichkeit erwarb sie sich die Anerkennung und Wertschätzung ihrer Vorgesetzten und Kollegen und ihres Mitarbeiterstabes.

448 Ihr ausgeglichenes, aber bestimmtes Wesen sicherte ihr stets ein gutes Verhältnis zu Vorgesetzten, Kollegen und Mitarbeitern.

449 Ihr Verhältnis zu Vorgesetzten, Kollegen und Mitarbeiterinnen und Mitarbeitern war einwandfrei. Sie war teamorientiert und hatte ein gutes Gespür für den Umgang mit den Mitarbeiterinnen und Mitarbeitern aller Ebenen.

450 Ihr Verhältnis zur Geschäftsleitung, ihre Einbindung im Managementkollegium und ihr Zugang zu den Mitarbeitern waren einwandfrei. Die bereichsübergreifende Kooperation wurde von ihr in positiver Weise mitgeprägt.

Sozialverhalten von leitenden Angestellten gegenüber Externen
Sozialverhalten gegenüber Externen bei sehr guter Beurteilung

451 Auch ihr Auftreten gegenüber unseren Mandanten / Patienten und den Angehörigen / Klienten / Gästen / Kunden / Großkunden / Bauträgern / Bauherren / Auftraggebern / Subunternehmern / Geschäftsfreunden / Geschäftspartnern / Mitgliedern / Franchise-Nehmern / externen Stellen / den Eltern war stets vorbildlich.

452 Auch ihre Kooperation mit einer Unternehmensberatung bei unserem Projekt BEZEICHNUNG war stets vorbildlich und sehr produktiv.

453 Ihre Art, mit Gesprächs- und Verhandlungspartnern umzugehen, war vor allem geprägt durch Sachlichkeit, Höflichkeit und gegenseitigen Respekt. Daher war sie auch bei unseren Geschäftsfreunden stets sehr anerkannt, geschätzt und beliebt.

454 Auch von unseren Geschäftsfreunden wurde Frau NAME stets sehr geschätzt. Sie besaß die ausgeprägte Gabe, bei ihren Verhandlungspartnern rasch eine tragfähige Vertrauensbasis zu schaffen, was in unserer Branche beim Abschluss von BEZEICHNUNG-Geschäften erfolgsentscheidend ist.

455 In der Öffentlichkeit, bei unseren Mitgliedern und bei den Kunden genoss Frau NAME stets höchstes Ansehen.

456 Auch ihre Kooperation mit Planungs- und Ingenieurbüros / Architektenbüros war stets vorbildlich.

457 In unseren Verbindungen zu Behörden erwies sie sich stets als umsichtiger Gesprächs- und Verhandlungspartner.

458 Ihre konstruktiven Lösungsvorschläge zu Problemstellungen, ihr sachlicher Verhandlungsstil und ihre absolute Vertrauenswürdigkeit machten sie innerhalb und außerhalb unseres Hauses zu einer in jeder Hinsicht sehr geschätzten Kooperations- und Verhandlungspartnerin / Verhandlungs- und Vertragspartnerin.

459 Durch ihre positive Ausstrahlung und ihr souveränes Auftreten war sie bei unseren externen Gesprächs- und Verhandlungspartnern stets sehr anerkannt und geschätzt.

460 Im Rahmen ihrer Funktion nahm Frau NAME unsere Interessen in verschiedenen Gremien wie zB AUFZÄHLUNG wahr. Sie hat dort das Unternehmen durch ihr seriöses Auftreten, ihre fachliche Autorität und ihre absolute Verhandlungssicherheit jederzeit sehr überzeugend nach außen vertreten.

461 Von unseren Kunden und Lieferanten wurde sie als fachlich sehr kompetente und persönlich gewinnende Geschäftspartnerin, die stets mit Geschick die Interessen der Beteiligten zum Nutzen aller in Übereinstimmung brachte, jederzeit sehr geschätzt.

462 Auf die individuellen Wünsche unserer vermögenden und anspruchsvollen Privatkunden (des obersten Segments) hat sie sich jeweils optimal eingestellt. Sie schätzten ihre hohe fachliche Kompetenz, ihre überzeugende Beratung und ihre aktive Betreuung.

463 Besonders hervorzuheben ist ihr überzeugendes und gewinnendes Auftreten bei Topkunden und Großkunden. Sie wurde hier als fachlich und persönlich kompetente Kooperations- und Verhandlungspartnerin stets sehr geschätzt.

464 Ihr Verhalten gegenüber Vertragspartnern, insbesondere Lieferanten, war stets von fairer geschäftlicher Kooperation getragen, wobei unsere Interessen selbstverständlich im Vordergrund standen und zuverlässig und erfolgreich gewahrt wurden.

Sozialverhalten gegenüber Externen bei guter Beurteilung

465   Auch ihr Auftreten gegenüber unseren Mandanten / Patienten und den Angehörigen / Klienten / Gästen / Kunden / Großkunden / Bauträgern / Bauherren / Auftraggebern / Subunternehmern / Geschäftsfreunden / Geschäftspartnern / Mitgliedern / Franchise-Nehmern / externen Stellen / den Eltern war stets gut.

466   Auch ihre Kooperation mit einer Unternehmensberatung bei unserem Projekt BEZEICHNUNG war stets gut und produktiv.

467   Ihre Art, mit Gesprächs- und Verhandlungspartnern umzugehen, war vor allem geprägt durch Sachlichkeit und Höflichkeit. Daher war sie auch bei unseren Geschäftsfreunden sehr anerkannt, geschätzt und beliebt.

468   Gegenüber unseren Geschäfts- und Verbundpartnern trat sie stets sicher und gewandt und mit gutem Verhandlungsgeschick auf.

469   In der Öffentlichkeit, bei unseren Mitgliedern und bei den Kunden genoss Frau NAME hohes Ansehen.

470   In unseren Verbindungen zu Behörden erwies sie sich als umsichtige und gewandte Gesprächs- und Verhandlungspartnerin.

471   Ihre konstruktiven Lösungsvorschläge zu Problemstellungen, ihr sachlicher Verhandlungsstil und ihre Vertrauenswürdigkeit machten sie innerhalb und außerhalb unseres Hauses zu einer anerkannten Kooperations- und Verhandlungspartnerin / Verhandlungs- und Vertragspartnerin

472   Durch ihre Ausstrahlung und ihr sicheres Auftreten war sie bei unseren externen Gesprächs- und Verhandlungspartnern stets anerkannt und geschätzt.

473   Von unseren Kunden und Lieferanten wurde sie als kompetente und persönlich gewinnende Geschäftspartnerin, die stets die Interessen der Beteiligten zum Nutzen aller in Übereinstimmung brachte, geschätzt.

474   Auf die individuellen Wünsche unserer vermögenden und anspruchsvollen Privatkunden hat sie sich jeweils gut eingestellt. Sie schätzten ihre fachliche Kompetenz und ihre überzeugende Beratung.

Sozialverhalten – sonstiges Verhalten von leitenden Angestellten
Sonstiges Verhalten bei sehr guter Beurteilung

475   Besonders hervorzuheben sind ihre absolute Integrität und ihr hoch ausgeprägtes Überzeugungs- und Durchsetzungsvermögen.

476   Frau NAME ist je nach der Art der Aufträge vielseitig einsetzbar. Sie kann Projektaufträge sehr gut eigenständig lösen. Sie wirkte aber auch stets sehr produktiv und kooperativ in den wechselnden Projektgruppen mit.

477   In den Gesprächen und Verhandlungen mit dem Betriebsrat bewies sie Durchsetzungsvermögen und Flexibilität, sodass stets tragfähige Kompromisse im Firmeninteresse erreicht wurden.

478   Als Projektleiterin stellte sie zu allen beteiligten Abteilungen sehr gute Kontakte her. Auftretende Prioritätsfragen zwischen der Projektarbeit und den Routinetätigkeiten meisterte sie dank ihres Moderationsvermögens stets mit viel Geschick und Fairness zur allseitigen vollkommenen Zufriedenheit.

479 Besonders positiv zu würdigen sind ihre große Aufgeschlossenheit und ihre sehr gute Eignung für interdisziplinäre Teamarbeit. Bei Projekt- und Teamsitzungen wirkte sie als Moderator und Teammotivator. Sie beherrscht sicher moderne Moderations- und Präsentationstechniken wie Meta-Plan und Mind-Mapping und schafft es so, alle Teilnehmer zu Beiträgen zu aktivieren und in die Diskussion einzubinden.

480 Sie verband Verbindlichkeit in der Form mit Entschiedenheit in der Sache. Die Zusammenarbeit mit Frau NAME war stets in jeder Hinsicht von wechselseitigem Vertrauen und bestem Einvernehmen getragen.

481 Im Sinne des Netzwerkgedankens praktizierte sie eine abteilungs- und projektübergreifende Kommunikation. Besonders hervorzuheben ist ihr Vermögen, bei unternehmenspolitischen Entscheidungen den überzeugenden Konsens zu suchen und zu finden.

482 Entschlusskraft und Durchsetzungsvermögen, verbunden mit diplomatischem Geschick, Kollegialität und Integrationsvermögen sowie absolute Loyalität und Vertrauenswürdigkeit gehören zu ihren charakterlichen Eigenschaften.

483 Sie besaß wegen ihrer Loyalität und Integrität jederzeit das absolute Vertrauen der Aktionäre / der Anteilseigner / der Gesellschafter / der Hauptversammlung / der Geschäftsführung / des Vorstandes / der Muttergesellschaft.

Sonstiges Verhalten bei guter Beurteilung

484 Hervorzuheben sind ihre Integrität und ihr ausgeprägtes Überzeugungs- und Durchsetzungsvermögen.

485 Frau NAME ist je nach der Art der Aufträge vielseitig einsetzbar. Sie kann Projektaufträge gut eigenständig lösen. Sie wirkte aber auch sehr produktiv und kooperativ in den wechselnden Projektgruppen mit.

486 Ihr überzeugender und argumentativer Stil machte sie zu einer geschätzten Gesprächs- und Verhandlungspartnerin, deren Kompromissvorschläge in Personal- und Sachfragen stets Zustimmung fanden.

487 Die Zusammenarbeit mit Frau NAME war stets in jeder Hinsicht von Vertrauen und gutem Einvernehmen getragen.

488 Ihr Informations- und Kommunikationsverhalten war immer offen und für alle Teammitglieder motivierend. Dies wirkte sich regelmäßig positiv auf die Gruppenleistung aus.

Sozialverhalten von Auszubildenden
Sozialverhalten von Auszubildenden gegenüber Internen
Sozialverhalten gegenüber Internen bei sehr guter Beurteilung

489 Ihr Verhalten gegenüber Vorgesetzten, Ausbildern, Mitarbeitern und Mit-Auszubildenden war stets vorbildlich.

490 Die Zusammenarbeit mit Frau NAME war stets sehr gut.

491 Frau NAME war wegen ihres freundlichen Wesens und ihrer Aufgeschlossenheit bei ihren Vorgesetzten, Ausbildern, unseren Mitarbeitern und den anderen Auszubildenden stets sehr anerkannt und beliebt.

492 Frau NAME war bei Vorgesetzten, Ausbildern, Mitarbeitern und Mit-Auszubildenden jederzeit sehr geschätzt und beliebt.

Sozialverhalten gegenüber Internen bei guter Beurteilung

493 Ihr Verhalten gegenüber Vorgesetzten, Ausbildern, Mitarbeitern und Mit-Auszubildenden war stets einwandfrei.
494 Die Zusammenarbeit mit Frau NAME war stets gut.
495 Frau NAME verhielt sich gegenüber Vorgesetzten, Ausbildern und Mitarbeitern aller Abteilungen sehr entgegenkommend und freundlich und gegenüber ihren Mit-Auszubildenden kameradschaftlich und hilfsbereit.
496 Frau NAME war wegen ihres freundlichen Wesens und ihrer Aufgeschlossenheit bei ihren Vorgesetzten, Ausbildern, unseren Mitarbeitern und den anderen Auszubildenden sehr anerkannt und beliebt.
497 Frau NAME wurde allseits wegen ihrer Zuverlässigkeit und ihres freundlichen Wesens sehr gelobt. Von den Auszubildenden wurde sie wegen ihrer kameradschaftlichen Art sehr geschätzt.
498 Ihr Verhalten gegenüber Vorgesetzten, Ausbildern, Mitarbeitern und Mit-Auszubildenden war mustergültig.
499 Frau NAME war bei Vorgesetzten, Ausbildern, Mitarbeitern und Mit-Auszubildenden jederzeit geschätzt und beliebt.

Sozialverhalten von Auszubildenden gegenüber Externen
Sozialverhalten gegenüber Externen bei sehr guter Beurteilung

500 Auch ihr Verhalten gegenüber unseren Mandanten / Patienten / Klienten / Gästen / Kunden / Auftraggebern / Bauherren / Geschäftsfreunden war stets vorbildlich.
501 Unsere Kunden bediente sie stets sehr zuvorkommend und freundlich.

Sozialverhalten gegenüber Externen bei guter Beurteilung

502 Auch ihr Verhalten gegenüber unseren Mandanten / Patienten / Klienten / Gästen / Kunden / Auftraggebern / Bauherren / Geschäftsfreunden war stets einwandfrei.
503 Unsere Kunden bediente sie sehr zuvorkommend und freundlich.

Sozialverhalten von Auszubildenden – sonstiges Verhalten
Sonstiges Verhalten bei sehr guter Beurteilung

504 Frau NAME verhielt sich jederzeit sehr hilfsbereit und kameradschaftlich.
505 Mit ihren Umgangsformen waren wir jederzeit außerordentlich zufrieden.
506 Aufgrund ihrer guten Umgangsformen und ihrer gewinnenden, freundschaftlichen Art wurde sie von unseren Mitarbeitern jederzeit gerne in deren Aufgabengebiete eingeführt. Sie haben sie auch gern mit schwierigen und interessanten Problemen ihres Aufgabengebiets bekannt gemacht.

507 Frau NAME war eine aufgeschlossene Auszubildende, die stets sehr aktiv unsere Anstrengung zur Eingliederung unserer ausländischen Auszubildenden unterstützte.

508 Sie ist eine engagierte und aufgeschlossene junge Frau, die den Ausbildungsleiter bei auftretenden Ausbildungsfragen wiederholt sehr gut unterstützt hat.

Sonstiges Verhalten bei guter Beurteilung

509 Sie fügte sich als Auszubildende stets gut in die wechselnden Abteilungen und Arbeitsgruppen ein.

510 Sie verhielt sich sehr hilfsbereit und kameradschaftlich.

511 Sie war eine verantwortungsbewusste Auszubildende, die in unserer Lehrwerkstatt mit den ihr anvertrauten Maschinen, Werkzeugen und Materialien sehr sorgfältig umging und ihren Ausbildungsplatz jederzeit in guter Ordnung hielt.

512 Frau NAME war eine ausgeglichene Auszubildende, die auch mit schwierigen Mitarbeitern und Mit-Auszubildenden stets gut zurechtkam.

513 Aufgrund ihrer guten Umgangsformen und ihrer gewinnenden, freundschaftlichen Art wurde sie von unseren Mitarbeitern gerne in deren Aufgabengebiete eingeführt.

Sozialverhalten von Praktikanten und Volontären

Sozialverhalten von Praktikanten und Volontären gegenüber Internen

Sozialverhalten gegenüber Internen bei sehr guter Beurteilung

514 Ihr Verhalten gegenüber Vorgesetzten und Mitarbeitern war jederzeit vorbildlich.

515 Wegen ihrer sachlichen und zuvorkommenden Art wurde sie von Vorgesetzten und Mitarbeitern jederzeit sehr geschätzt.

Sozialverhalten gegenüber Internen bei guter Beurteilung

516 Ihr Verhalten gegenüber Vorgesetzten und Mitarbeitern war stets einwandfrei.

517 Wegen ihrer sachlichen und zuvorkommenden Art wurde sie von Vorgesetzten und Mitarbeitern sehr geschätzt.

Sozialverhalten von Praktikanten und Volontären gegenüber Externen

Sozialverhalten gegenüber Externen bei sehr guter Beurteilung

518 Auch ihr Verhalten gegenüber unseren Mandanten / Patienten / Klienten / Gästen / Kunden / Auftraggebern / Bauherren / Geschäftsfreunden war stets vorbildlich.

Sozialverhalten gegenüber Externen bei guter Beurteilung

519 Auch ihr Verhalten gegenüber unseren Mandanten / Patienten / Klienten / Gästen / Kunden / Auftraggebern / Bauherren / Geschäftsfreunden war stets einwandfrei.

Sozialverhalten von Praktikanten und Volontären – sonstiges Verhalten

Sonstiges Verhalten bei sehr guter Beurteilung

520 Sie besitzt ein sehr gutes Kontaktvermögen, ist jederzeit zur Kooperation bereit und kann daher sehr gut im Team arbeiten.

521 Bei der Präsentation und bei der Einführung der von ihr entwickelten Lösung für BEZEICHNUNG bewies sie trotz ihres Praktikantenstatus ein sehr beachtliches Überzeugungs- und Durchsetzungsvermögen, das in jeder Hinsicht unsere absolute Anerkennung fand.

522 Aufgrund ihrer absoluten Vertrauenswürdigkeit konnten wir sie während ihres Praktikums an der strategischen Unternehmensplanung mitarbeiten und an den damit verbundenen vertraulichen Sitzungen teilnehmen lassen.

Sonstiges Verhalten bei guter Beurteilung

523 Sie besitzt ein gutes Kontaktvermögen, ist zur Kooperation bereit und kann daher gut im Team arbeiten.

524 Bei der Präsentation und bei der Einführung der von ihr entwickelten Lösung für BEZEICHNUNG bewies sie trotz ihres Praktikantenstatus ein beachtliches Überzeugungs- und Durchsetzungsvermögen, das unsere volle Anerkennung fand.

Beendigungsformel
Beendigungsformel für alle Arbeitnehmergruppen

Arbeitnehmerseitige Kündigung für alle Arbeitnehmergruppen

Arbeitnehmerseitige Kündigung mit Begründung (Achtung: Nur mit Zustimmung des Arbeitnehmers zulässig!)

525 Frau NAME verlässt uns auf eigenen Wunsch zum VERTRAGSENDE, um sich beruflich zu verändern.

526 Frau NAME verlässt uns am heutigen Tage auf eigenen Wunsch, weil sie ihren Wohnsitz nach ORT / REGION verlegt.

527 Frau NAME scheidet bei uns wegen ihrer Eheschließung auf eigenen Wunsch zum VERTRAGSENDE aus.

528 Frau NAME hat das Beschäftigungsverhältnis auf eigenen Wunsch zum VERTRAGSENDE gelöst, um sich nach der Geburt ihres Kindes künftig ganz der Familie widmen zu können.

529 Frau NAME verlässt uns auf eigenen Wunsch zum VERTRAGSENDE, um in einem anderen Unternehmen eine weiterführende Aufgabe zu übernehmen.

530 Unsere wirtschaftliche Lage erfordert durchgreifende Restrukturierungs- und Sanierungsmaßnahmen. Sie scheidet aus diesen rein objektiven Gründen (auf Bitten der Geschäftsleitung) auf eigenen Wunsch aus.

531 Frau NAME verlässt uns auf eigenen Wunsch, um BEGRÜNDUNG. Sie hatte das Arbeitsverhältnis fristgerecht zur Monatsmitte / zum Monatsende / zum Quartalsende gekündigt. Da ihr neuer Arbeitgeber sie bat, möglichst frühzeitig zu wechseln, waren wir trotz der Überbrückungsschwierigkeiten für uns wegen des sehr guten wechselseitigen Verhältnisses im Interesse von Frau NAME mit einem vorzeitigen Wechsel einverstanden.

532 Frau NAME verlässt uns auf eigenen Wunsch zum VERTRAGSENDE, da sie aufgrund eines Angebots der Unternehmensleitung in einem anderen eigenständigen Betrieb des Unternehmens eine größere Aufgabe übernimmt.

533 Frau NAME scheidet auf eigenen Wunsch aus, um in Anschluss in einem anderen Unternehmen der Unternehmensgruppe die Position der BEZEICHNUNG zu übernehmen.

534 Frau NAME scheidet bei uns auf eigenen Wunsch aus, um im Anschluss bei unserer Tochtergesellschaft FIRMA in LAND neue Aufgaben zu übernehmen.

535 Frau NAME verlässt uns auf eigenen Wunsch zum VERTRAGSENDE, um ein Studium an der Fachhochschule BEZEICHNUNG zu beginnen.

536 Frau NAME verlässt uns auf eigenen Wunsch zum VERTRAGSENDE, um an der Universität BEZEICHNUNG STUDIENFACH zu studieren.

537 Frau NAME verlässt uns auf eigenen Wunsch zum VERTRAGSENDE, um im Ausland ihre SPRACHE Sprachkenntnisse zu vervollkommnen.

538 Frau NAME hat zum VERTRAGSENDE das bestehende Arbeitsverhältnis auf eigenen Wunsch gekündigt, um sich selbständig zu machen.

539 Frau NAME verlässt uns auf eigenen Wunsch zum VERTRAGSENDE, um sich finanziell zu verbessern.

540 Frau NAME verlässt uns auf eigenen Wunsch zum VERTRAGSENDE, um ihren fachlichen Horizont zu erweitern und um beruflich weiterzukommen.

541 Frau NAME verlässt uns auf eigenen Wunsch zum VERTRAGSENDE, da sich ihr bei uns keine Aufstiegschancen bieten.

Arbeitnehmerseitige Kündigung ohne Begründung (Achtung: Nur mit Zustimmung des Arbeitnehmers zulässig!)

542 Frau NAME scheidet auf eigenen Wunsch zum VERTRAGSENDE aus unseren Diensten.

543 Frau NAME verlässt unsere Firma auf eigenen Wunsch zum VERTRAGSENDE.

544 Frau NAME kündigte das Arbeitsverhältnis zum AUSTRITTTERMIN.

545 Wir bedauern, dass Frau NAME uns auf eigenen Wunsch verlassen muss.

546 Das Arbeitsverhältnis wurde auf Wunsch von Frau NAME zum VERTRAGSENDE gelöst.

547 Frau NAME hat sich entschlossen, unser Haus mit dem heutigen Tage zu verlassen.

Arbeitnehmerseitige Kündigung mit Vertragsbruch durch Nichteinhaltung der Kündigungsfrist (Achtung: Nur mit Zustimmung des Arbeitnehmers zulässig!)

548 Sie beendete das Arbeitsverhältnis aus eigenem Entschluss am VERTRAGSENDE.
549 Frau NAME schied zum VERTRAGSENDE auf eigenen Wunsch aus, um sofort eine neue Stelle antreten zu können.
550 Frau NAME verließ uns kurzentschlossen auf eigenen Wunsch am VERTRAGSENDE.
551 Frau NAME wechselte am VERTRAGSENDE im eigenen Interesse und auf eigenen Wunsch kurzfristig in ein anderes Unternehmen.

Beendigung durch einvernehmliche Lösung für alle Arbeitnehmergruppen (Achtung: Nur mit Zustimmung des Arbeitnehmers zulässig!)

552 Das Arbeitsverhältnis endete am VERTRAGSENDE im gegenseitigen Einvernehmen.
553 Das Arbeitsverhältnis endete am VERTRAGSENDE im beiderseitigen besten Einvernehmen.
554 Das Arbeitsverhältnis endete auf Wunsch der Arbeitnehmerin im beiderseitigen besten Einvernehmen.
555 Das Dienstverhältnis als GmbH-Geschäftsführer wurde anlässlich eines Eigentümerwechsels im besten Einvernehmen beendet.
556 Unsere Trennung von Frau NAME erfolgte im gegenseitigen Einvernehmen.
557 Das Arbeitsverhältnis endete durch einvernehmliche Trennung am VERTRAGSENDE.
558 Wir kamen mit Frau NAME überein, das Arbeitsverhältnis zu beenden.
559 Das Arbeitsverhältnis wurde nach vorangegangener ordentlicher und fristgerechter arbeitnehmerseitiger Kündigung in bestem Einvernehmen zum VERTRAGSENDE beendet. Wir haben aufgrund der immer angenehmen Zusammenarbeit ihrem Wunsch entsprochen, schon früher ihre neuen Aufgaben übernehmen zu können.

Arbeitgeberseitige Kündigung für alle Arbeitnehmergruppen

Betriebsbedingte arbeitgeberseitige Kündigung (Achtung: Nur mit Zustimmung des Arbeitnehmers zulässig!)

560 Wegen BEGRÜNDUNG sind wir mit Frau NAME übereingekommen, das Arbeitsverhältnis betriebsbedingt zum VERTRAGSENDE aufzulösen, da wir ihr zurzeit leider keine andere ihrer Ausbildung und ihrem beruflichen Können entsprechende Position in unserem Unternehmen bieten können. Wir erklären ausdrücklich, dass Frau NAME keine Mitverantwortung für unsere gegenwärtige schwierige Lage trägt.
561 Das Arbeitsverhältnis endet zum Saisonende durch betriebsbedingte Kündigung.

Andere Formeln für eine arbeitgeberseitige Kündigung (Achtung: Nur mit Zustimmung des Arbeitnehmers zulässig!)

562   Die Trennung von Frau NAME erfolgte zum VERTRAGSENDE.
563   Das Arbeitsverhältnis endete am VERTRAGSENDE.
564   Die Vertragsauflösung erfolgte zum VERTRAGSENDE.
565   Das Arbeitsverhältnis endete fristgerecht zum VERTRAGSENDE innerhalb der Probezeit / mit Ablauf der Probezeit. Wir bedauern, dass es nicht zu einer Festanstellung gekommen ist.
566   Frau NAME verlässt uns, um ihre Berufserfahrung zu erweitern.
567   Wir hatten Frau NAME sehr geschätzt. Umso mehr bedauern wir, dass wir das Arbeitsverhältnis beenden mussten.
568   Auf Wunsch von Frau NAME haben wir das Arbeitsverhältnis zum VERTRAGSENDE beendet.

Fristlose arbeitgeberseitige Beendigung (Achtung: Nur mit Zustimmung des Arbeitnehmers zulässig!)

569   Das Arbeitsverhältnis endet mit dem heutigen Tage.
570   Wir trennten uns am VERTRAGSENDE.
571   Am VERTRAGSENDE schied der Arbeitnehmer bei uns aus.
572   Der Arbeitsvertrag mit Frau NAME, die bei uns eine Vertrauensstellung innehatte, wurde zum VERTRAGSENDE beendet.
573   Frau NAME hat das Unternehmen am VERTRAGSENDE verlassen.

Beendigung durch Vertragsablauf bei befristetem Arbeitsverhältnis für alle Arbeitnehmergruppen

574   Das befristete Arbeitsverhältnis endet mit Ablauf der vereinbarten Zeit.
575   Das Arbeitsverhältnis endet durch Zeitablauf. Zu unserem großen Bedauern können wir Frau NAME zurzeit aus objektiven / haushaltsrechtlichen / hochschulrechtlichen Gründen keine Dauerbeschäftigung bieten.
576   Das Arbeitsverhältnis endet mit dem heutigen Tage durch Ablauf der vereinbarten Frist. Wir bedauern, dass wir Frau NAME zurzeit betriebsbedingt kein unbefristetes Arbeitsverhältnis anbieten können.
577   Wir lassen die Beschäftigung mit Ablauf der vereinbarten Vertragsdauer enden.
578   Wir setzen dieses befristete Probearbeitsverhältnis nicht über die vereinbarte Dauer hinaus fort.
579   Das befristete Arbeitsverhältnis endet auf Wunsch von Frau NAME mit Ablauf der vereinbarten Zeit. Wir hätten das Arbeitsverhältnis gerne unbefristet fortgesetzt.
580   Das Arbeitsverhältnis endet zum Saisonende durch Ablauf der vereinbarten Frist.
581   Das befristete Arbeitsverhältnis endete mit Ablauf der vereinbarten Dauer.

Grund für Zwischenzeugnis für alle Arbeitnehmergruppen
Feststehendes Ende des Arbeitsverhältnisses

582   Sie erbat dieses vorläufige Zeugnis, da sie das Arbeitsverhältnis auf eigenen Wunsch zum VERTRAGSENDE beendet.

583   Sie erhält dieses Zwischenzeugnis, da das Arbeitsverhältnis zum VERTRAGSENDE wegen der Schließung / Verlegung des Werkes / der Filiale / der Abteilung BEZEICHNUNG enden wird.

Mögliches Ende des Arbeitsverhältnisses (Achtung: Nur mit Zustimmung des Arbeitnehmers zulässig!)

584   Sie erbat dieses Zwischenzeugnis anlässlich des absehbaren Endes unseres (staatlich geförderten) Großprojektes BEZEICHNUNG. Das Arbeitsverhältnis ist ungekündigt.

585   Die bekannte wirtschaftliche Lage unseres Unternehmens macht einschneidende Restrukturierungsmaßnahmen erforderlich. Es ist möglich / geplant / entschieden, dass die BEZEICHNUNG-Aktivitäten in absehbarer Zeit beendet werden. Wegen dieser Unsicherheit der künftigen Entwicklung haben wir Frau NAME eine berufliche Neuorientierung nahelegen müssen. Dieses Zeugnis soll ihr dabei helfen, eine neue gleichwertige Aufgabe zu finden.

586   Grundlegende Rationalisierungs- und Dezentralisierungsmaßnahmen führen dazu, dass es künftig den Zentralbereich BEZEICHNUNG nicht mehr geben wird. Da wir Frau NAME zum gegenwärtigen Zeitpunkt keine gleichwertige Aufgabe in unserem Unternehmen bieten können, erhält sie auf eigenen Wunsch dieses Zwischenzeugnis, um sich auch außerhalb unseres Unternehmens bewerben zu können.

587   Sie bat um die Ausstellung eines Zwischenzeugnisses, da sie sich auf eigenen Wunsch beruflich verändern möchte.

Versetzung und andere Änderungen des Arbeitsverhältnisses (Achtung: Nur mit Zustimmung des Arbeitnehmers zulässig!)

588   Sie erhält wunschgemäß dieses Zwischenzeugnis anlässlich des Abschlusses ihrer Trainee-Ausbildung. Das Arbeitsverhältnis ist ungekündigt.

589   Sie wird ab DATUM in die BEZEICHNUNG-Abteilung versetzt. Sie erhält (unaufgefordert) dieses Zwischenzeugnis anlässlich der Übernahme dieser neuen Aufgabe.

590   Sie übernimmt zum DATUM aufgrund ihrer erfolgreichen Bewerbung auf eine interne Stellenausschreibung die Aufgabe BEZEICHNUNG. Dieses Zeugnis wird ihr anlässlich der Beendigung der bisherigen Aufgabe (unaufgefordert) ausgestellt.

591   Mit Wirkung vom DATUM übernimmt Frau NAME in unserem Hause die Position einer BEZEICHNUNG. Das Zeugnis wird anlässlich dieser Beförderung (unaufgefordert) ausgestellt.

592   Sie erhält dieses Zeugnis anlässlich ihrer Bestellung zum Geschäftsführer / Vorstandsmitglied.

593   Sie bat um dieses Zwischenzeugnis, da sich ihr Arbeitsgebiet aufgrund einer Neuverteilung der Aufgaben innerhalb der Abteilung wesentlich geändert hat.

594 Sie wechselt zum DATUM auf eigenen Wunsch zu unserer Geschäftsstelle BEZEICHNUNG und bat um dieses Zwischenzeugnis.

595 Sie erhält (unaufgefordert) dieses Zwischenzeugnis anlässlich der Übernahme eines anderen Verkaufsgebietes.

596 Dieses Zwischenzeugnis wird Frau NAME anlässlich der Neustrukturierung der Verantwortungsbereiche der Geschäftsleitung (unaufgefordert) ausgestellt.

597 Sie erhält dieses Zwischenzeugnis (unaufgefordert) anlässlich der Entsendung in unser Zweigwerk im AUSLAND.

598 Sie erhält dieses Zwischenzeugnis zum Abschluss der Traineeausbildung. Sie ist ab MONAT/JAHR in unserer Abteilung BEZEICHNUNG tätig.

Wechsel des Vorgesetzten (Achtung: Nur mit Zustimmung des Arbeitnehmers zulässig!)

599 Sie bat um dieses Zwischenzeugnis, da ihr langjähriger Vorgesetzter aus unserer Firma ausscheidet.

600 Dieses Zwischenzeugnis wird Frau NAME anlässlich der Versetzung des Vorgesetzten (unaufgefordert) ausgestellt.

601 Sie bat um dieses Zwischenzeugnis, da ein Wechsel des Vorgesetzten stattfinden wird.

602 Dieses Zwischenzeugnis wird Frau NAME anlässlich der Pensionierung des Vorgesetzten (unaufgefordert) ausgestellt.

Eigentümerwechsel und Rechtsformänderung (Achtung: Nur mit Zustimmung des Arbeitnehmers zulässig!)

603 Sie erhält dieses Zeugnis anlässlich eines grundlegenden Gesellschafterwechsels.

604 Sie erhält dieses Zeugnis anlässlich der Änderung unserer Rechtsform von BEZEICHNUNG in BEZEICHNUNG.

Unterbrechung des Arbeitsverhältnisses (Achtung: Nur mit Zustimmung des Arbeitnehmers zulässig!)

605 Sie erbat dieses Zwischenzeugnis, da sie ab DATUM ihr soziales Jahr ableisten wird.

Vorlage bei externen Institutionen (Achtung: Nur mit Zustimmung des Arbeitnehmers zulässig!)

606 Sie bat um dieses Zwischenzeugnis zur Vorlage bei INSTITUTION.

Übernahme von (politischen) Mandaten (Achtung: Nur mit Zustimmung des Arbeitnehmers zulässig!)

607 Sie erhält (unaufgefordert) dieses Zwischenzeugnis anlässlich ihrer Wahl in den Betriebsrat / Personalrat / Sprecherausschuss / Aufsichtsrat.

608 Frau NAME erhält (unaufgefordert) dieses Zwischenzeugnis anlässlich ihrer Freistellung für die Betriebsratsarbeit / Personalratsarbeit.

Weitere Gründe (Achtung: Nur mit Zustimmung des Arbeitnehmers zulässig!)

609   Sie erbat das Zwischenzeugnis, weil sie sich für eine weitere Teilzeitbeschäftigung bewerben möchte.
610   Sie erhält dieses Zwischenzeugnis, da sie sich beruflich verändern möchte. Das Arbeitszeugnis ist ungekündigt.
611   Dieses Zwischenzeugnis wird auf Wunsch von Frau NAME erstellt. Das Beschäftigungsverhältnis ist ungekündigt. Dieses Zwischenzeugnis verliert beim Erstellen eines Dienstzeugnisses seine Gültigkeit.
612   Frau NAME erbat ein Zwischenzeugnis, da GRUND. Wir haben diesen Wunsch gern erfüllt.
613   Frau NAME bat die Geschäftsführung / den Vorstand / Aufsichtsrat / Beirat, ihren mehrjährigen / langjährigen Werdegang in unserem Unternehmen in einem Zwischenzeugnis darzustellen. Wir erfüllen diesen Wunsch gerne.
614   Dieses Zwischenzeugnis wurde auf Verlangen von Frau NAME formuliert.
615   Dieses Zwischenzeugnis wurde auf ausdrücklichen Wunsch von Frau NAME erstellt.
616   Dieses Zwischenzeugnis wurde auf Wunsch von Frau NAME erstellt, da sie sich intern / innerhalb der Unternehmensgruppe bewerben möchte.

Beendigungsformel für Auszubildende

Beendigungsformel für Auszubildende bei Vertragsablauf

Information zum Prüfungsergebnis

Sehr gutes Prüfungsergebnis

617   Frau NAME hat ihre Ausbildung (vorzeitig) mit sehr gutem Prüfungsergebnis abgeschlossen.
618   Frau NAME hat die Abschlussprüfung (vorzeitig) vor der Industrie- und Handelskammer BEZEICHNUNG mit der Gesamtnote Sehr gut abgeschlossen. Sie ist die Beste ihres Ausbildungsjahrganges in unserem Hause.
619   Frau NAME legte am DATUM vor der Handwerkskammer BEZEICHNUNG die Abschlussprüfung (vorzeitig) mit der Note Sehr gut ab.
620   Wir beglückwünschen Frau NAME zu ihrem (vorzeitigen) Ausbildungsabschluss mit der Note Sehr gut.

Gutes Prüfungsergebnis

621   Frau NAME hat ihre Ausbildung (vorzeitig) mit gutem Prüfungsergebnis abgeschlossen.
622   Frau NAME hat ihre Ausbildung (vorzeitig) mit gutem Ergebnis abgeschlossen.
623   Frau NAME legte am DATUM vor der Handwerkskammer BEZEICHNUNG die Abschlussprüfung (vorzeitig) mit der Note Gut ab.
624   Wir beglückwünschen Frau NAME zu ihrem (vorzeitigen) Ausbildungsabschluss mit der Note Gut.

Dienstzeugnisse – Rechtsfragen und Textbausteine

Befriedigendes Prüfungsergebnis

625 Frau NAME hat ihre Ausbildung (vorzeitig) mit befriedigendem Prüfungsergebnis abgeschlossen.

626 Frau NAME hat ihre Ausbildung (vorzeitig) mit befriedigendem Ergebnis abgeschlossen.

Ausreichendes Prüfungsergebnis

627 Frau NAME hat ihre Ausbildung (vorzeitig) zu unserer Zufriedenheit mit Erfolg abgeschlossen.

Mangelhaftes Prüfungsergebnis

628 Das Ausbildungsverhältnis endet mit Ablauf der vereinbarten Zeit.

Ausbildungsende mit Übernahme

629 Sie wird nach dem Ende der Ausbildung in das Angestelltenverhältnis übernommen, wobei sie ihrem Wunsch entsprechend zunächst in der BEZEICHNUNG-Abteilung eingesetzt wird.

630 Nach Beendigung ihrer Ausbildungszeit haben wir Frau NAME gern ab DATUM in unsere BEZEICHNUNG-Abteilung übernommen.

631 Sie wird nach dem Ende der Ausbildung ihr SOZIALES JAHR antreten. Wir hoffen, dass sie danach in unseren Betrieb zurückkehrt.

632 Sie setzt als BERUFSBEZEICHNUNG ihre berufliche Weiterentwicklung in unserer Abteilung BEZEICHNUNG fort, was wir sehr begrüßen.

633 Nach Beendigung der Ausbildung übernehmen wir Frau NAME aus betrieblichen Gründen / Budgetgründen / haushaltsrechtlichen Gründen zunächst im Rahmen eines befristeten Arbeitsverhältnisses in unsere Abteilung BEZEICHNUNG.

634 Zum DATUM wird Frau NAME in ein festes Arbeitsverhältnis übernommen.

Ausbildungsende ohne Übernahme

635 Sie verlässt uns mit Abschluss der Ausbildung, da wir sie aus wirtschaftlichen Gründen / Budgetgründen / wegen Rationalisierungsmaßnahmen / betriebsbedingt / wegen knapper Haushaltsmittel nicht in ein Arbeitsverhältnis übernehmen können.

636 Sie verlässt uns mit dem Ende der Ausbildung auf eigenen Wunsch. Wir hätten sie gerne als Mitarbeiterin übernommen.

637 Sie verlässt unser Unternehmen nach Beendigung ihrer Berufsausbildung (auf eigenen Wunsch), um die Hochschulreife zu erlangen / zu studieren.

Ausbildungsabbruch oder Kündigung

638 Sie verlässt uns auf eigenen Wunsch, um eine andere Ausbildung aufzunehmen.

639 Das Ausbildungsverhältnis endete auf Wunsch von Frau NAME am VERTRAGSENDE.

640 Sie verlässt uns auf eigenen Wunsch, um die begonnene Ausbildung in einem anderen Unternehmen fortzusetzen.

641 Das Ausbildungsverhältnis endet während der Probezeit.
642 Das Ausbildungsverhältnis endete kurzfristig am VERTRAGSENDE.
643 Das Ausbildungsverhältnis endete gemäß § 15 Abs. 2 Ziffer 1 Berufsbildungsgesetz.

Grund für Zwischenzeugnis

644 Dieses Zwischenzeugnis erhält Frau NAME auf eigenen Wunsch.
645 Dieses Zwischenzeugnis erhält Frau NAME zur Vorlage bei INSTITUTION.
646 Wir stellen allen Auszubildenden Zwischenzeugnisse aus, da zurzeit eine Übernahme nach dem Ende der Ausbildung noch nicht zugesagt werden kann.
647 Sie bat um dieses Zwischenzeugnis, weil sie nach dem Ende der Ausbildung ihre Kenntnisse durch neuartige Erfahrungen in einem anderen Unternehmen ausbauen möchte.

Beendigungsformeln für Praktikanten und Volontäre
Beendigungsformeln bei Ende des Praktikums / Volontariats

648 Sie verlässt uns nach Beendigung des ZAHL-monatigen Praktikums vertragsgemäß.
649 Sie verlässt uns nach Ablauf der vereinbarten Praktikumszeit, um ihr Studium an der HOCHSCHULE fortzusetzen.
650 Sie verlässt uns nach Ablauf der vereinbarten Frist.
651 Sie beendet ihr Volontariat in unserem Hause mit Ablauf der vereinbarten Zeit.

Grund für Zwischenzeugnis

652 Dieses Zwischenzeugnis wird auf Wunsch von Frau NAME erstellt.

Dankes-Bedauern-Formel
Dankes-Bedauern-Formel für alle Arbeitnehmergruppen
Dankes-Bedauern-Formel im Dienstzeugnis für alle Arbeitnehmergruppen
Sehr gute Dankes-Bedauern-Formel

653 Wir danken Frau NAME für die stets sehr gute und produktive Zusammenarbeit und bedauern sehr, sie zu verlieren. Zugleich haben wir Verständnis dafür, dass sie die ihr gebotene (einmalige) Chance nutzt.
654 Wir danken Frau NAME für ihre stets sehr hohen Leistungen und bedauern den Verlust dieser hoch qualifizierten Facharbeiterin. (Ihren späteren Wiedereintritt würden wir begrüßen.)

655 Wir danken Frau NAME für ihr stets unermüdliches und erfolgreiches Wirken und bedauern ihren Unternehmenswechsel sehr. Wir sind überzeugt, dass sie auch in ihrem neuen Verantwortungsbereich außerordentliche Erfolge erzielen wird. Wir stehen für sie daher gern als Referenzgeber zur Verfügung.

656 Wir danken ihr für ihre stets sehr guten Leistungen und bedauern ihr Ausscheiden sehr.

657 Wir bedauern ihr Ausscheiden wirklich sehr und danken dieser erstklassigen und bewährten Fachkraft für ihr stets weit überdurchschnittliches Engagement. Wir können sie fachlich und persönlich bestens empfehlen.

658 Wir danken dieser stets sehr guten Fachkraft und bedauern ihr Ausscheiden. Wir würden es begrüßen, wenn sie sich bei erneutem Personalbedarf wieder bei uns bewerben würde.

659 Für die langjährige Verbundenheit mit unserem Unternehmen und die fruchtbare und wertvolle Zusammenarbeit sind wir Frau NAME zu Dank verpflichtet. Wir bedauern es sehr, diese ausgezeichnete Mitarbeiterin zu verlieren.

660 Wir danken Frau NAME für die stets produktive und äußerst erfolgreiche Zusammenarbeit und bedauern ihr Ausscheiden sehr.

661 Wir bedauern es außerordentlich, dass Frau NAME uns verlässt, und danken ihr für die stets sehr gute und konstruktive Mitarbeit in unserem Hause.

662 Wir sagen ihr Dank für ZAHL Jahre engagierter und treuer Arbeit in unserem Unternehmen, zu dessen Erfolg sie durch ihr Wirken maßgeblich beigetragen hat.

663 Wir danken ihr für ihre wertvollen Dienste und bedauern, diese tüchtige und angenehme Mitarbeiterin zu verlieren. Es wird sehr schwer sein, eine gleichwertige Nachfolgerin zu finden.

664 Wir danken Frau NAME für die stets sehr hohen Leistungen und bedauern ihr Ausscheiden sehr. Zugleich haben wir aber volles Verständnis für ihre weitergehenden Ausbildungspläne. Wir würden es begrüßen, wenn sie sich nach der Weiterbildung erneut bei uns bewerben würde.

665 Wir danken ihr für ihre außergewöhnlichen Leistungen und die stets konstruktive und angenehme Zusammenarbeit. Wir bedauern sehr, eine Mitarbeiterin mit so vielseitigen Potenzialen und eine so fähige Führungskraft zu verlieren.

666 Wir danken Frau NAME für ihre konstruktive Arbeit und ihre herausragenden Erfolge und bedauern ihr Ausscheiden sehr, da wir mit ihr eine unternehmerisch handelnde Führungspersönlichkeit verlieren.

667 Wir bedauern ihr Ausscheiden sehr und danken für die überaus konstruktive Arbeit. Aufgrund ihrer Verdienste können wir sie bestens empfehlen. Ein künftiger Wiedereintritt würde in der Geschäftsleitung allseits befürwortet.

668 Wir sind ihr wegen ihres engagierten Wirkens für das Unternehmen zu großem Dank verpflichtet. Wir bedauern ihr Ausscheiden, weil wir mit ihr eine Persönlichkeit mit hoher Fach- und Führungskompetenz verlieren. Wir haben aber Verständnis für ihre Entscheidung, eine Leitungsposition mit noch größerer Verantwortung zu übernehmen, die wir ihr leider zurzeit nicht bieten können.

669 Wir danken ihr für die hervorragende Zusammenarbeit. Wir verlieren mit ihr eine erfahrene Spezialistin, verstehen aber, dass sie im Rahmen ihrer beruflichen Entwicklung ihr Tätigkeitsspektrum vergrößern will.

Gute Dankes-Bedauern-Formel

670 Wir danken Frau NAME für die stets gute Zusammenarbeit und bedauern sehr, sie zu verlieren. Zugleich haben wir Verständnis dafür, dass sie die ihr gebotene (einmalige) Chance nutzt.

671 Wir danken ihr für ihre stets guten Leistungen und bedauern ihr Ausscheiden sehr.

672 Wir bedauern ihr Ausscheiden und danken dieser guten und bewährten Fachkraft für das überdurchschnittliche Engagement. Wir können sie fachlich und persönlich empfehlen.

673 Wir danken dieser stets guten Fachkraft und bedauern ihr Ausscheiden. Bei einer Besserung der Unternehmenslage werden wir sie gern wieder beschäftigen.

674 Wir danken für die langjährige wertvolle Zusammenarbeit und bedauern es, diese gute Mitarbeiterin zu verlieren.

675 Wir bedauern es sehr, dass Frau NAME uns verlässt, und danken ihr für die stets gute Mitarbeit in unserem Hause.

676 Wir sagen ihr Dank für ZAHL Jahre engagierter und treuer Arbeit in unserem Unternehmen, zu dessen Erfolg sie wesentlich beigetragen hat.

677 Wir sagen dieser tüchtigen Expertin Dank für ZAHL Jahre engagierter und treuer Mitarbeit. Sie hat auf ihrem Arbeitsplatz wesentlich zum Erfolg der Abteilung beigetragen.

678 Wir bekräftigen unsere gute Beurteilung von Frau NAME, indem wir ihr für ihre Leistungen danken und ihr Ausscheiden sehr bedauern.

679 Wir danken Frau NAME für ihre stets hohen Leistungen und bedauern ihr Ausscheiden sehr. Zugleich haben wir aber Verständnis für ihre weitergehenden Ausbildungspläne. Wir würden es begrüßen, wenn sie sich nach ihrer Weiterbildung erneut bei uns bewerben würde.

680 Wir danken ihr für ihre guten Leistungen und die stets angenehme Zusammenarbeit. Wir bedauern, eine Mitarbeiterin mit solchen Potenzialen und eine so fähige Führungskraft zu verlieren.

681 Wir danken ihr für die produktive Zusammenarbeit und bedauern ihr Ausscheiden sehr.

Dankes-Bedauern-Formel im Zwischenzeugnis für alle Arbeitnehmergruppen

Sehr gute Dankes-Bedauern-Formel

682 Wir bedauern den von Frau NAME beabsichtigten Fortgang außerordentlich. Für die stets sehr guten Leistungen danken wir sehr.

683 Dem Wunsch nach einem Zwischenzeugnis sind wir gern nachgekommen. Wir wünschen uns auch zukünftig die Fortsetzung der konstruktiven, angenehmen und vertrauensvollen Zusammenarbeit.

Gute Dankes-Bedauern-Formel

684 Wir bedauern den von Frau NAME beabsichtigten Fortgang sehr. Für die stets guten Leistungen danken wir sehr.

Dankes-Bedauern-Formel für Auszubildende

Dankes-Bedauern-Formel bei Ausbildungsende

Sehr gute Dankes-Bedauern-Formel bei Ausbildungsende

685 Wir danken ihr für die sehr gute und angenehme Zusammenarbeit während der Ausbildungszeit.

686 Wir bedauern es sehr, Frau NAME zu verlieren. Wir haben aber Verständnis dafür, dass sie ihre langfristigen beruflichen Möglichkeiten durch ein Studium ausbauen möchte. Gegen Ende der Ausbildung arbeitete sie wie eine vollwertige Kraft, wofür wir ihr ausdrücklich danken.

Gute Dankes-Bedauern-Formel bei Ausbildungsende

687 Wir danken ihr für die gute und angenehme Zusammenarbeit während der Ausbildungszeit.

688 Wir bedauern es, diese tüchtige junge Kraft zu verlieren. Zugleich haben wir aber Verständnis dafür, dass Frau NAME durch die Tätigkeit in einem anderen Unternehmen ihre berufliche Bildung fortsetzen möchte. Für ihre Arbeit danken wir ihr sehr.

689 Wir bedauern es, Frau NAME zu verlieren. Wir haben aber Verständnis dafür, dass sie ihre langfristigen beruflichen Möglichkeiten durch ein Studium ausbauen möchte.

690 Wir bedauern den Fortgang von Frau NAME sehr. Für ihre Mitarbeit danken wir ihr.

Dankes-Bedauern-Formel im Zwischenzeugnis für Auszubildende

Sehr gute Dankes-Bedauern-Formel

691 Wir danken ihr für die sehr gute und angenehme Zusammenarbeit während der bisherigen Ausbildungszeit.

692 Wir bedauern den bevorstehenden Fortgang von Frau NAME außerordentlich. Für ihre bisherige entlastende Mitarbeit danken wir ihr schon heute sehr.

693 Wir bedauern es außerordentlich, dass betriebsbedingt in diesem Jahr keine Übernahme in ein Arbeitsverhältnis möglich ist.

Gute Dankes-Bedauern-Formel

694 Wir danken ihr für die gute und angenehme Zusammenarbeit während der bisherigen Ausbildungszeit.

695 Wir bedauern den bevorstehenden Fortgang von Frau NAME sehr. Für ihre Mitarbeit danken wir ihr schon heute.

696 Wir bedauern es sehr, dass betriebsbedingt in diesem Jahr keine Übernahme in ein Arbeitsverhältnis möglich ist.

Dankes-Bedauern-Formel für Praktikanten und Volontäre

Sehr gute Dankes-Bedauern-Formel

697 Für die stets sehr gute Zusammenarbeit danken wir. Frau NAME ist uns für weitere Praktika herzlich willkommen.

698 Wir danken Frau NAME für ihr stets großes Engagement und die praktische Anwendung ihrer sehr guten Kenntnisse im Bereich BEZEICHNUNG. So konnten auch wir von diesem Praktikum profitieren.

699 Für ihr Engagement und ihre überzeugenden Leistungen danken wir ihr sehr. Sie gab durch ihre Arbeit die beste Empfehlung, auch künftig wieder Praktikanten der Fachhochschule / Universität BEZEICHNUNG zu beschäftigen.

700 Wir danken Frau NAME für die angenehme Zusammenarbeit. Wir haben sie aufgrund ihrer sehr guten Leistungen in unser Förderprogramm für Praktikanten aufgenommen.

Gute Dankes-Bedauern-Formel

701 Für die stets gute Zusammenarbeit danken wir.

702 Wir danken Frau NAME für ihr großes Engagement und die praktische Anwendung ihrer guten Kenntnisse im Bereich BEZEICHNUNG. So konnten auch wir von diesem Praktikum profitieren.

Zukunftswünsche
Zukunftswünsche für alle Arbeitnehmergruppen
Sehr gute Zukunftswünsche

703 Wir wünschen dieser engagierten, tüchtigen, vorwärtsstrebenden Mitarbeiterin auf ihrem weiteren Berufs- und Lebensweg alles Gute und weiterhin viel Erfolg.

704 Wir wünschen Frau NAME auf ihrem weiteren Berufs- und Lebensweg alles Gute und weiterhin viel Erfolg.

705 Wir wünschen Frau NAME für ihre weitere Karriere in unserem Hause alles Gute und weiterhin viel Erfolg.

706 Wir wünschen dieser allseits anerkannten Mitarbeiterin auf ihrem weiteren Berufs- und Lebensweg alles Gute und weiterhin viel Erfolg.

707 Wir wünschen dieser vorbildlichen Mitarbeiterin beruflich und persönlich alles Gute und weiterhin viel Erfolg.

708 Wir wünschen dieser exzellenten Fach- und Führungskraft für den weiteren Berufs- und Lebensweg in jeder Hinsicht alles Gute und weiterhin viel Fortune.

709 Wir wünschen ihr alles Gute und für ihre weitere Arbeit zum Nutzen unseres Unternehmens / unserer Unternehmensgruppe weiterhin viel Erfolg.

710 Wir wünschen ihr für die Zukunft beruflich und persönlich alles Gute und weiterhin viel Erfolg.

Gute Zukunftswünsche

711 Wir wünschen Frau NAME auf ihrem weiteren Berufs- und Lebensweg alles Gute (und weiterhin Erfolg).
712 Wir wünschen Frau NAME für ihren weiteren Weg in unserem Hause alles Gute (und weiterhin Erfolg).
713 Wir wünschen dieser allseits anerkannten Mitarbeiterin auf ihrem weiteren Berufs- und Lebensweg alles Gute (und weiterhin Erfolg).
714 Wir wünschen dieser tüchtigen Mitarbeiterin beruflich und persönlich alles Gute (und weiterhin Erfolg).
715 Wir wünschen dieser guten Fach- und Führungskraft für den weiteren Berufs- und Lebensweg alles Gute (und weiterhin Erfolg).
716 Wir wünschen Frau NAME, die sich in unserem Hause große Verdienste erworben hat, alles Gute (und weiterhin Erfolg).
717 Wir wünschen ihr alles Gute und für ihre weitere Arbeit zum Nutzen unseres Unternehmens / unserer Unternehmensgruppe weiterhin Erfolg.

Zukunftswünsche für Auszubildende

Sehr gute Zukunftswünsche

718 Wir wünschen Frau NAME auf ihrem weiteren Berufs- und Lebensweg alles Gute und weiterhin viel Erfolg.
719 Für ihre berufliche Zukunft und für ihr persönliches Wohlergehen wünschen wir Frau NAME alles Gute und weiterhin viel Erfolg.
720 Wir wünschen Frau NAME auf ihrem weiteren Berufs- und Lebensweg alles Gute und weiterhin viel Erfolg. Wir sind davon überzeugt, dass diese engagierte, vorwärtsstrebende junge Frau ihren beruflichen Weg erfolgreich gehen wird.

Gute Zukunftswünsche

721 Wir wünschen dieser vielversprechenden jungen Kraft (in unserem Hause) für die beruflich Entwicklung (weiterhin Erfolg) und persönlich alles Gute.
722 Wir wünschen Frau NAME auf ihrem weiteren Berufs- und Lebensweg alles Gute (und weiterhin Erfolg).
723 Für ihre berufliche Zukunft und für ihr persönliches Wohlergehen wünschen wir Frau NAME alles Gute (und weiterhin Erfolg).
724 Wir wünschen ihr für ihre neue / weitere Ausbildung und ihre spätere Berufstätigkeit alles Gute und viel Erfolg.

Zukunftswünsche für Praktikanten und Volontäre

Sehr gute Zukunftswünsche

725   Wir wünschen Frau NAME für ihr Studium und ihren weiteren Berufs- und Lebensweg alles Gute und weiterhin viel Erfolg. (Wir würden ihr nach Abschluss des Studiums, falls möglich, gern eine Aufgabe in unserem Hause übertragen.)

726   Wir wünschen Frau NAME im Studium weiterhin viel Erfolg und in persönlicher Hinsicht alles Gute. Wir würden es begrüßen, wenn sie sich nach Abschluss des Studiums bei uns bewerben würde.

727   Wir wünschen Frau NAME für den weiteren Berufs- und Lebensweg alles Gute und weiterhin viel Erfolg. (Wir würden es begrüßen, wenn sie auch ihr nächstes Praktikum bei uns machen könnte.)

Gute Zukunftswünsche

728   Wir wünschen Frau NAME für ihr Studium und ihren weiteren Berufs- und Lebensweg alles Gute (und viel Erfolg).

729   Wir wünschen Frau NAME im Studium (weiterhin Erfolg) und in persönlicher Hinsicht alles Gute.

730   Wir wünschen Frau NAME für den weiteren Berufs- und Lebensweg alles Gute (und weiterhin Erfolg).

F. Literaturverzeichnis

Beden, Manfred, Janssen Verena: Arbeitszeugnisse, Gräfe und Unzer Verlag GmbH, München 2002

Cerwinka, Gabriele, Schranz, Gabriele: Protokollführung leicht gemacht, Wirtschaftsverlag Carl Ueberreuter, Wien-Frankfurt 2007

Cerwinka, Gabriele, Schranz, Gabriele: Die Büro-Bibel, Linde-Verlag, Wien 2006

Dachrodt, Heinz-Günther/Ullmann, Erich: Zeugnisse lesen und verstehen, Verlag des ÖGB, Wien 2000

List, Karl-Heinz: Arbeitszeugnisse für Bankberufe, Walhalla Fachverlag, Regensburg 2002

Streibl, Florian: Die geheime Sprache der Arbeitszeugnisse entschlüsseln, Heyne Kompaktwissen 22/398, München 2000

Weuster, A./Scheer, B.: Arbeitszeugnissen in Textbausteinen, 17., überarbeitete Auflage, Richard Boorberg Verlag 2007